Shapers
新産業をつくる思考法

伊藤 豊 Goodfind主宰者

Crossmedia Publishing

はじめに

新しい時代のキャリアのあり方とは？

日本の就職人気ランキングでは長らく、上位を有名大企業が占めてきました。今もその傾向はあまり変わっていないように思います。

しかし、この10年で別の動きも出てきています。伝統的な大企業を選ぶのではなく、自ら新しい事業創造に挑戦して、小さな会社を自分たちの手で大きくしていくという働き方を選ぶ人たちが増えているのです。

そうしたベンチャー企業での経験を生かして、今度は大企業のなかで新しい事業を起こしたり古い組織を変えたりすることを目的とした人材の移動も生まれています。

若者が最初からスタートアップやベンチャー企業に飛び込むことで、ベンチャーネイティブな人材の総量が増えます。そうした若者たちはいずれ、旧態依然とした大企業におけるDX（デジタル・トランスフォーメーション）などの変革の担い手として期待されるようになり、さらにはこの循環が社会全体にも影響を与えていく、と私は考えています。

これは、一つの社会的ムーブメントと言えるのです。

私は、まだベンチャー企業やスタートアップに対するイメージが「怪しい」「信用できない」といったネガティブなものだった15年前にスローガンという会社を創業し、「Goodfind（グッドファインド）」という学生向けウェブメディアを立ち上げました。Goodfindは「掘り出し物を見つける」という意味です。一般的にあまり知られていないけれど成長力があり、若い才能が躍動できるフィールドを持った小規模な会社を発掘して、学生たちにその魅力を伝えていくことを目的としていました。ウェブメディアだけでなく、セミナーやイベント、個別の面談などを通して、学生一人ひとりのキャリアの出発点に寄り添い、サポートしてきました。

それから15年経った今、日本政府の成長戦略のなかでも、ベンチャー企業やスタートアップ、起業家を増やしてイノベーションを社会実装することへの期待が高まっています。優秀な若者の一部が、ファーストキャリアとしてベンチャー企業やスタートアップに飛び込むことも珍しくなくなっています。

間違いなく社会は変わってきています。キャリア形成の仕方、労働市場での評価のされ方も、十数年前とは変わってきているのです。

一方で、**就職や転職にまつわる世間の人々の見方や考え方は、その変化をキャッチアップできていない**ように感じることが少なくありません。

自分たちの時代の常識を尺度にして、若者たちに古いアドバイスをしている例もたくさんあるでしょう。「いずれはベンチャーで働きたくても、まずは大企業に行くべき」「大企業からベンチャーへはいつでも転職できる」「ベンチャーから大企業へは転職できない」など、昔であれば一定の合理性があったアドバイスが今となっては事実とまったく異なっていることもあるのです。

それどころか、アドバイスをしようとして逆に若者の挑戦やチャンスを阻害しているケースも増えていると感じます。今こそ誰もが、新産業が生まれ続ける時代を生き抜くために、思考のパラダイムシフトを起こす必要があるのではないでしょうか。

そうした問題意識から私たちは、新しい時代における新しいキャリアのあり方として、「Shapers（シェイパーズ）」という生き方を本書で紹介しようと思います。

Shaperという単語は、日本ではあまり馴染みのある言葉ではないかもしれません。英語のShapeは動詞で「形づくる」という意味があり、Shaperで「何か新しいものを形づくる人」という意味です。

グローバルでは、世界経済フォーラムが「Global Shapers」というネーミングで多様な分野で活躍する20代、30代のリーダーやクリエイティブな人材をコミュニティにしている例があります。

また、当代最高の投資家であり起業家でもあるレイ・ダリオ氏（世界最大のヘッジファンドであるブリッジウォーター・アソシエイツ創業者）の著書『PRINCIPLES（プリンシプルズ）人生と仕事の原則』のなかで紹介されている言葉でもあります。

私たちがここで、Shapersという単語を選んだのは、**創造性を持って何かを形づくる人たちの存在は、大企業かベンチャーかという二項対立を超えて、また新旧産業もまたいで、グラデーションとして社会にあまねく存在する**ものであることを改めて強調したいと考えたからです。

何か新しいものをつくろうとする創造性は、イノベーターやアントレプレナーといった起業家型の人材だけの専売特許ではありません。組織の大小問わずどんな組織にいても、どんな職種・ポジションであったとしても、何かしらの発想や問題意識を起点として、新しい何かをつくろうとする欲求は、誰しもが持っているものだと思います。

その点、イノベーターやアントレプレナーやイントレプレナー（社内起業家）といった従来からある言葉は敷居が高く、「自分には関係ない」という感情を呼び起こしている可能性があると思うのです。ゆえに「起業家的に考えよう」と言っても、笛吹けども踊らず、になりやすいのでしょう。

しかし、誰しもが何かしらの創造性を発揮して、自分の周りの世界を少しでも良くするために、今からできることを始められるはずです。

一人ひとりが新しい何かを形づくる動きをしていけば、社会は地盤沈下することなく、常に時代の要求に応じて革新され続けていくでしょう。

それは、何かを形づくろうとする本人にとっても、**主体性を発揮して自分の人生をつく**

り出しながら生きている感覚を持てるという意味で、人生を豊かにすると思います。

私は、人の可能性を引き出すことで、新しい産業が次々と生み出される世界をつくりたいと思っています。それは、次の世代のためにつくりたい社会を、自分たちでつくっていける世界です。一人でも多くの人がShaperとして新しい価値を創造する人生を送ることで、それが実現できると考えています。

本書の読み方

まず、序章にて「Shaperが活躍する時代の到来」と題して、なぜ今この時代においてShaperが重要となってきているのか、そして新しい時代のキャリア論としての企業の見方、キャリアのつくり方を解説します。

私自身の経験はもちろん、これまで支援してきた起業家・経営者の皆さん、学生・社会人の皆さんから学んだことの集大成とも言える内容を盛り込んだつもりです。いわば、新産業やイノベーションなどに挑む若者世代に対する実地のフィールドワーク、15年分の蓄積です。

本書では、議論をわかりやすくするために、あえて大企業とベンチャー（もしくはスタートアップ）という言葉を対照的に使っています。

もちろん、大企業もベンチャーもそれぞれ一括りに語るには会社による違いが大きすぎますし、一律に語れない場合が多いことは重々理解しています。大企業とベンチャーの二項対立で煽りたいわけでもありません。

むしろ、大企業にもベンチャーにも、若者が躍動して創造性を発揮できるフィールドはあります（本書では大企業の事例としてソニーを取り上げています）。また、組織の規模に関係なくそのような企業が増えることを望んでいます。

ただ、現状どうしても有名企業やブランド企業といった大企業偏重の求職市場があるのも事実です。大企業というカテゴリーへの過度な期待や憧れから、大企業が過大評価されている側面もあると思っています。

そうしたバイアスを補正するために必要な議論として、あえて大企業とベンチャーという括りを多用しながら議論をさせてもらっています。

ここで言う大企業とは、厳密な定義はせずに、主に伝統的な日本の大企業として半世紀以上の歴史を持つ企業をイメージしています。同じくベンチャー（スタートアップ）についても厳密な定義はせずに、成長志向のある従業員1000名未満の小規模な企業とします。メガベンチャーと言うときは、１０００名規模を超えてなお成長志向が強く、比較的社歴の浅い会社（設立25年未満）をイメージしていただければと思います。

本書は3部構成で、第1部では事業創造のアプローチ、第2部では事業を生み出す組織と人、第3部では新産業領域におけるキャリアを軸に、それぞれ3社ずつ企業を取り上げています。新産業・イノベーションに挑むShaperの具体事例を交えながら、読者の皆さんにクリアにイメージしてもらえるように意図しています。

各章ごとに気になるところから読んでいただいても十分に楽しめる内容にしています。ただ、序章で展開される新しい時代のキャリアのパラダイムを把握していただいたうえで各章を読み進めていただいたほうが、より具体的なイメージをつかめるのではないかと思います。

各章の後半は、取り上げた各社のキーパーソンの皆様へのインタビューを掲載しています。すべて著者である私自身が直接インタビューをさせていただき、対談形式でまとめたものです。聞き手である私自身も大変楽しく、勉強になる取材となりました。この場を借りて、ご協力いただいた皆様に御礼申し上げます。

Shapers

Contents

Shapers

Shapers

Contents

Shapers

Shapers

序章

Shaperが活躍する時代の到来

自己分析よりも産業分析

新しく何かを形づくろうとする人を「Shaper(シェイパー)」と呼びます。

これは起業家や経営者もしくはクリエイターといった特定の職業を指すわけではなく、もう少し広く、何かしらを生み出そうとする創造性をもった働き方をする人たちを表す言葉として私たちは使っています。

世界的に見ても同様ですが、特に日本社会において近年、創造性を発揮する生き方やキャリアがとても重要になってきています。この20年間で見ても、これらの価値は右肩上がりとなっていますし、これからも高まり続けると私は考えています。

創造性を発揮するキャリアについて話す前に、就職活動に励む学生の多くが、まず自己分析を一生懸命やろうとしていること、そして次に業界や企業の分析をしようとしていることに対して、私はこのようにアドバイスしています。それらの前にまず産業の歴史から掘り下げて社会分析をしてみましょう、と。

もっと言うと、**戦後の産業史がどうなっていて、今の産業構造がどうやって成り立って**

いるのか。未来はどうなっていきそうなのか。これを時間軸で捉えていく「時間軸思考」が、キャリアを考えるうえで非常に大事だという話です。

『戦後経済史―私たちはどこで間違えたのか』（野口悠紀雄著）など、日本の戦後の経済史について一冊にまとめられている書籍もあります。そういった本を一度読んでみるのもいいでしょう。あるいは、戦後の復興のなかから生まれた企業の歴史を個別に読んでみてはどうでしょうか。

ソニーの創業者である盛田昭夫氏の著書『MADE IN JAPAN―わが体験的国際戦略』は、名経営者の自伝でありながらビジネス書としても、古典的名著として名高いですし、ホンダ（本田技研工業）の創業者である本田宗一郎氏の『夢を力に：私の履歴書』も読み応えがあります。

ベンチャー企業として創業し、日本発のグローバル大企業に成長していく両社の社史をなぞりつつ、その時代背景や日本社会の様子も垣間見ることができます。

同様にパナソニック創業者の松下幸之助氏について、リーダーシップ論で有名なジョン・P・コッター教授が描いた『幸之助論―「経営の神様」松下幸之助の物語』も日本の産業と社会の歴史を学ぶのにいいと思います。

戦後の経済史を学ぶと何がいいのか。簡単に例を出して説明します。

まず、そもそも日本が敗戦国で戦後の焼け野原からスタートしたという事実と、GHQ（連合国軍最高司令官総司令部）による財閥解体や公職追放によって、当時は若者中心に中小規模の会社が濫立していった背景があります。

これは、奇しくもイノベーションの発生しやすい条件に合致しています。

クレイトン・M・クリステンセン教授の『イノベーションのジレンマ』は有名ですが、世界中でイノベーションの研究がなされています。それらの研究の結果、経験のない素人が集まり、若者が中心となって取り組むほうがイノベーションが生まれやすいことがわかっています。

戦後の日本は、さらに国内の人口増加による経済成長（人口ボーナス）もあり、右肩上がりで成長を謳歌できる時代が40年近く続きました。

つまり、やや大きく括った見方をすれば、**今の大企業の多くが戦後生まれのベンチャー企業だった、そして右肩上がりの良い時代を過ごしてきた**ことがわかります。

今の20代の祖父母世代・親世代にとって、安定している就職先として大手メーカーや銀行の印象が良いのも、そうした時代背景が影響しています。

日本は戦後の復興のなかで、世界の工場となるべく製造業で発展してきた国です。製造業が発展するためには、工場をつくり材料を仕入れて、在庫を抱えるために資金供給が必要となり、間接金融としての銀行が重要になります。製造業が強い国においては、両輪として銀行業も必然的に強くなるのです。

そうした産業構造の成り立ちを理解していれば、伝統的な日本の産業界において製造業や銀行をはじめとした金融系企業の地位やブランドが高いことも理解できます。

こうして過去の歴史的経緯から時間軸をたどり、産業の成り立ちを理解すると、今度はこれから起きる時代の変化から、産業が今後どのように変わっていくのか、独自に思考をめぐらすことができるようになります。

例えば、銀行の未来についても、グローバル経済のなかで、世界の工場たる製造業の中心が中国や台湾、ベトナム、インドなどにすでに移行している事実や、製造業からサービス産業へのシフト、ITやデジタルのビジネスが普及してきた影響から、間違いなく変わってくるだろうと予測ができます。

産業全体の会社総数に占める製造業の割合の低下、ビジネスモデルのサービス業化やインターネットの活用による必要投資額の減少、そして資本市場の充実と直接金融の発展、さらにはベンチャーキャピタルの規模拡大やエンジェル投資家の増加などによるエクイティ(株主資本)の供給ボリュームの高まりもあります。

戦後の製造業中心の産業社会ほど、銀行が果たせる役割は大きくはなくなってくるでしょう。普通に考えれば、祖父母世代や親世代が思うほど、銀行という就職先が安泰でステータスの高いものではなくなっているのです。

この話は、メガバンクが人気の就職先としてランキング上位に名を連ねていた10年以上前から、私たちがずっと言い続けている話です。近年、大規模なリストラを発表するなどして、すでに多くの若者(とその親世代も)が気づいていると思います。産業史をとらえた俯瞰的な思考をすれば、具体的な業績不振やリストラのニュースを待たずとも、どの産業にダウントレンドが働いているのかが長期視点でわかるようになってきます。

では、一方で産業史的な観点で俯瞰したときに、これから長期で確実にアップトレンドにある分野やテーマは何でしょうか。具体的に事業やプロダクト、会社の盛衰を予測するのは難しいでしょうが、ある程度高い抽象度であればアップトレンドのテーマやトレンドを予測し、そこに順張りすることは可能です。

例えば、「伝統的な日本企業の固定化された雇用慣行からの脱却」というテーマは、長期で見れば間違いなくアップトレンドであり続けるでしょう。

戦後の人口増加もあいまって国内市場が伸び続けた時代から、すでに人口減少社会へパラダイムシフトしているわけです。その転換点たる2000年代半ばを境にして、伝統的な日本の雇用環境が生んだ労働市場の歪みを解消することは、未来に向けて大きく進行し続けると思っています。

私がスローガンという会社を創業して取り組んでいるテーマは、「伝統的な日本企業における組織慣行の刷新を促進すること」とも言えます。そのために、シニア・男性・新卒入社組中心のコーポレートカルチャーに対して、その逆である、若者・女性・転職者の活躍を支援することは、長期の社会テーマとも合致していると考えています。

しかし、実際はこのように長期の構造で考えれば順張りに見えるものも、短期で見ると過去の残像が強く残っており、逆張りに見えるということがよくあります。

まさに私たちが、「若者がもっとベンチャー企業に就職する社会にする」と宣言したときに、周りから「そんなのは無理だ」と言われたのは、過去の残像が頭に残っている人が多かったからではないでしょうか。


他にも、本書にも多く登場しますが、「産業のデジタル化」というテーマも、長期で見たときに間違いなく大きく進行するアップトレンドであり続けるでしょう。

雇用の流動化ともからみますが、「個人へのエンパワーメントの拡大」というテーマもずっと長期で見ればアップトレンドだと思います。20年近く前にダニエル・ピンク氏が『フリーエージェント社会の到来──「雇われない生き方」は何を変えるか』で描いたような脱組織の動き、はいまだに現在進行形だからです。

産業・企業・個人のキャリアを立体的に読み解く

この過去から未来という時間軸の変数をもって、個人のキャリアや企業だけでなく、社会や産業という粒度まで考えると、変数がかなり複雑になります。さらに、過去のことはリサーチをしないとわからないことも多いので、それなりの知識の蓄積が必要になります。でも、本来、キャリアを考える際には、そうした時間軸と産業・企業・個人の変数を立体的に捉えたものの見方を持つことが大切です。

産業や企業、個人のキャリアは、5~10年でも大きく変化します。しかし、最初に情報収集した時点(就職活動時)から正確に知識をアップデートし続けている人は多くはありません。

そのため、時間軸での変化を正確に把握せずに、自身の経験と知識から語られるアドバイスが多く、それは10年前の話ですよね、ということが往々にして発生しているのです。**先輩が後輩に語るようなキャリア論は、悪気なく誤謬《ごびゅう》だらけになる構造にある**のです。

では、産業・企業・個人のキャリアを立体的に読み解くとはどういうことでしょうか。

例えば、スローガンの共同創業者である織田一彰はアクセンチュアという外資のコンサルティング会社の出身です。織田はコンサルタントを経験した後に参画したスタートアップを上場承認まで成長させた後、上場企業に売却し、その上場企業の役員を務めた後も何社か連続的に起業しては事業売却しています。いわばシリアルアントレプレナー(連続起業家）です。現在は、スローガンでエグゼクティブフェローとして全国の学生向けにセミナーをしたり、国内外の大学で客員教授や講師なども務めたりしている人物です。

彼の話を聞いた学生たちのなかには、「自分も織田さんみたいになりたい、だからアクセンチュアや外資コンサルティングファームに行きたい」と思う人もあとを絶ちません。

しかし、織田がアクセンチュア（正確には当時はアンダーセンコンサルティングという社名でしたが）に入社したのは1993年です。

当時の同社は、社員数が数百名規模の会社です。私自身も1999年に就職活動をしているときに社名を聞いたことがあり、説明会にも足を運ぼうかと思った記憶があります。しかし、1999年時点でも、東大の同級生の間で「あの会社は怪しい。外資だしすぐにクビになるらしいからやめた方が良い」という話がありました。

それから6年前、さらに小規模だった頃に織田は新卒で入社しているわけです。今の同社とはまったく違う会社だったと言えるでしょう。

コンサルティング産業の歴史を俯瞰的に見てみれば、どういうことかわかります。

1980年代までは、日本市場自体が右肩上がりで総花的な経営で成り立ち、選択と集中といったような戦略がそもそも不要だった時代であり、ほぼコンサルティングの市場がなかったと言えます。1980年代においては、今著名で大規模なファームになっているコンサルティング各社はどこも小規模でした。

その後、1990年代前半のバブル崩壊とともに日本企業にも戦略が必要となっていった背景があり、戦略コンサルティングという市場が成長したわけです。

さらに、Windows95の登場などにあわせてパソコンの普及、インターネットの登場、SAPやオラクルなどのERP（統合基幹業務システム）の成長などを背景に、企業内でITシステムを導入するニーズが高まっていきました。そのなかでITコンサルティング分野が急成長した背景もあります。

1990年代のコンサルティング自体が、まさに黎明期から急成長期に向けて、ベンチャー的なセクターだったのです。

実際に、1980年代から1990年代に新卒で外資コンサルティングファームに入った人たちのなかから、後に起業家として活躍する経営者がたくさん輩出されました。これは、当時そういったベンチャー的な成長環境に、安定した大手の世界への切符を捨てて飛び込めるだけのリスクテイクカーが集まった側面も大きいでしょう。

それに加えて、そういった成長セクターだったからこそ、若いうちから裁量を持ってスピーディに成長でき、黎明期のファウンダー世代に直接薫陶を受けて人材として磨かれたという側面も大きかったのではないかと思います。

実際に、当時のコンサルティングファームに入った人たちに話を聞いてみると、口を揃えて「周りからは何の会社か？　危ないのではないか？」と言われ、親にも反対されることが多かったと言います。

その後、産業として成熟していった結果として、２０００年代の半ばからコンサルティングファームは高学歴の学生たちに人気の業界になっていきます。２０１０年代になってからも、「行きたい業界がない」「やりたいことがない」「業界横断で経営に関わることができそう」「プロフェッショナルとして市場価値が高くなりそう」といった消去法的な理由も重なり、高学歴の学生たちに不動の人気を築いている業界になっている側面もあります。

何が言いたいのかというと、今のコンサルティング業界に入社していく学生と、20～30年前にコンサルティングファームに入った今の40～50代の人たちはまったく違うタイプだということです。

そのため、同じようなキャリアの軌跡をトレースすることは、難しいのではないか、と言いたいのです。前提となる人物像も違ければ、業界・企業の成熟度も全然違うからです。

大切なことは、当時の黎明期的なコンサルティング業界を選んだことで、その業界自体を大きくする側になったからこそ、偉大なキャリアを築いた先人たちがいたのだと理解することです。そして、**すでに誰かが大きくした後の成熟した会社に後追いで入るのではなく、「今で言えば、その黎明期にあたるところはどこだろう？」と時間軸補正して考えられる思考力を持つこと**です。

15年くらい前に、マネックスグループCEOの松本大さんにインタビューさせてもらったときの言葉が印象的でした。松本大さんといえば、30歳でゴールドマン・サックス証券の同社史上最年少パートナー（共同経営者）になった人です。その松本さんに、「東大生の間で、就職先として外資系金融会社の人気が高いことをどう思いますか？」と尋ねました。

松本さんの返答はこうでした。

「成功して盛り上がったあとに相乗りしようなんて考えは、時代遅れだしダサい」

松本さんが就職した80年代は、外資金融は黎明期でした。ゴールドマン・サックスのパートナーに30歳でなれた理由の一つには、若いときから黎明期・成長期にある領域に飛び込んで会社を大きくする側に回ったからだと理解しました。

コンサルティング業界に限らず、あらゆる領域・分野において黎明期や成長初期のフェーズに飛び込み、若いうちに会社を大きくする経験をしている人が、後に起業家・経営者として活躍しているケースが実は多いのです（本書の第9章でも詳述しています）。

経営人材はベンチャーの環境から生まれる

「賛成する人がほとんどいない、大切な真実は何だろう？」

これは、米国のPayPalの創業者であるピーター・ティール氏が面接で必ず聞く質問だと、著書『ゼロ・トゥ・ワン—君はゼロから何を生み出せるか』のなかで紹介されています。彼は、Facebookをはじめ数多くのシリコンバレーのスタートアップの創業に投資家としても関わり、ペイパル・マフィアと呼ばれる起業家・投資家ネットワークの中心にいる人物です。

スローガンを創業した私にとっての「賛成する人がほとんどいなかった、大切な真実」は、「**偉大な経営者や起業家はベンチャー的な環境から生まれる可能性が高い**」ということでした。私が就職活動をしていた頃は、まず大企業で学ぶべき、大企業出身の起業家の方が多い、新卒でベンチャーに行くのは馬鹿げていると批判する人が多かったように記憶しています。

私自身も、日本アイ・ビー・エムという巨大な外資系大手企業を辞めて起業しています。そのため、「自分は大手出身でいい思いをしているのに、若者にはベンチャーに行けと安全地帯から煽るんじゃないよ」という批判をされたこともあります。

でも、私がもしもう一度、学生に戻れるならば、最初からベンチャーを最初の就職先として選ぶ自信が起業当時にはすでにありました。仮に自分に合うベンチャーを見つけられず大手企業に行くにしても、新規事業や子会社で何か新しいことができそうなところを選ぶと思います。

世間を見渡してみても、大企業出身の経営者や起業家が多いではないか、という指摘もあるかもしれません。たしかにひと昔前までは、大企業出身者が圧倒的に多かったのは事実です。しかし、時代が変わり、特にインターネット産業の発展とともに様相が大きく変わってきています。

つまり、年代や時代背景といった時間軸で捉えて、より解像度を上げて理解する必要がある話なのです。どういうことかというと、１９９０年代以前に就職している世代と、２０００年代以降に就職している世代とで、大きく異なる傾向が明確にあるのです。


今の40代・50代以降の経営者や起業家の経歴を見て、「みんな大企業出身ですよね、だから大企業に行ってから起業した方が良い」とか「経営者になるのは、大企業出身の方が有利」みたいな結論を導く人がたまにいますが、これは完全にミスリーディングです。

今の20代・30代の起業家・経営者層を見ていくと、1社目からベンチャーに就職しているケースが増えてきています。むしろ、1社目に伝統的な大企業を選んだ人の方が少数派と言っても過言ではないでしょう。

２０００年より前に就職している世代は、インターネットが社会的に普及する前の世代という意味で、ビフォーインターネット就職世代とも言えると思います。この世代の高学歴層は銀行や証券会社、商社、メーカー、インフラ系などに就職した人が多いのが特徴です。いわゆる良い大学を出て良い会社（誰もが知る業界トップの会社）に入るというのが基本動作で、それ以外の選択肢が少なかったとも言えます。

２０００年以前に大企業に就職した人たちにとっては、２０００年前後のインターネットの黎明期においてビジネスチャンスに気づき、今やメガベンチャーとなった当時の黎明期のネットベンチャー各社に転職して、そこで何年か修業してから起業するケースが、最も典型的な起業家のキャリアパスと言えるでしょう。


一方で、２０００年以降に就職しているアフターインターネット就職世代においては、インターネットによって情報収集がしやすくなった背景はもちろんですが、インターネット産業の発展とともに、新しい成長企業がたくさん生まれて、優秀な若者にとって魅力ある就職先の選択肢が増えたことが大きな変化です。

２０００年代前半においては、今のメガベンチャーと呼ばれるサイバーエージェントや楽天、DeNAなどの各社もまだ規模が小さかったため、新卒採用の人数もそこまで多くなかったはずです。２０００年代前半に、当時のそれらの会社に新卒入社した方々は、かなり感度の高い人たちだったと思います。あるいは、たまたまバイトしていた先がそうだったとか、知り合いに誘われて幸運にもたどり着いたというケースもあるかもしれません。

私が聞いたエピソードを一つ紹介します。

慶應SFCの学生だったその人は、自分の進路の参考にしようと、SFCの卒業生名簿を眺めていたそうです。普通ならば、ブランド力のある大企業や難関企業としてステータスのある会社に目が留まり、その先輩をOB・OG訪問でもしようかなと思うでしょう。

ただ、その人は、逆に自分の知らない会社を探しました。SFCの先輩はみんなそれなりに優秀な人が多いはずという前提で、自分が知らない無名の会社に行っている先輩がいるとしたら、自分が知らないだけでその会社には面白い何かがあるのではないかと考えたのです。そうすることで、当時まだ無名で社員数も少なかった楽天を見つけたと言います。

あるいは、東大の学生でも、アルバイトのようなノリで長期インターンをしていた社員数名の会社にそのまま入社して、気づいたら役員になり、あれよあれよと会社が上場して20代で上場企業役員になっていたというケースも聞いたことがあります。

時間軸補正をしながら、先人のキャリアを読み解く

意外と認識されていない事実ですが、日本における新興上場市場である東証マザーズは、2000年にできたものです。

もっと昔から当たり前のようにあったと思っている人もいるかもしれませんが、意外と歴史が浅いのです。米国のナスダックを倣ってナスダックジャパンを日本につくろうとソフトバンクの孫正義氏が動いたこともあり、東証にも新興市場が設立されたわけです。

一方で、ナスダックは1971年から新興企業向けの株式市場として運営されています。そうした実績の違いから、米国はベンチャー企業が盛んだが日本は違うといって、国民性の問題などを指摘されることがあります。

でも日本は、戦後復興のなかで国自体がベンチャーのようなフェーズから、現在は大企業になっている企業群の成長によって成功してきたわけです。ベンチャー企業や新興企業に期待する動きが、米国よりも30年近く遅れただけという側面もあると言えます。

1990年代前半のバブル崩壊に端を発して、1990年代後半に起きた大企業の倒産(山一証券や日本長期信用銀行、北海道拓殖銀行など)やリストラのニュースから、ようやく日本社会においても、終身雇用で年功序列の大企業に入れば一生安泰だという神話が崩壊したわけです。

そこから少しずつ、インターネットセクターを中心とする成長産業への人材移動が起き始めます。新興市場ができたことで早期に上場する会社も増えて、メガベンチャーと呼ばれるような、高い成長を保ちながら大規模化する会社も出てきました。

また、そうした新興企業の創業メンバーの所有株式の価値が上がり、多額の資産を形成してエンジェル投資家となったり、シリアルアントレプレナーとして新たに起業することで、イノベーションのエコシステム（生態系）を充実させていった流れがあります。

この20年で段階的にではありますが、確実に右肩上がりのトレンドを持って形成され、雪だるま式に拡大再生産されてきた動きです。もちろん、多少の上下変動はありつつも、これからも拡大再生産され続けていくでしょう。

実際に、Goodfindでは活躍する起業家・経営者の1社目の職歴から経歴の傾向を調査してみたことがあります。ビフォーインターネット就職世代（ＢＩ世代）とアフターインターネット就職世代（ＡＩ世代）では、明確に差がありました。

２０１５年時点での調査結果ですが、起業家１００人について調べたところ、ＢＩ世代では大企業出身者が66％、ＡＩ世代では大企業出身が20％です。また、大企業出身者の約半数はベンチャーへの転職を経て起業していました。純粋に大企業だけの就業経験しかない人は1割程度※でした。

私が就職活動をした1999年から2000年にかけての時期は、まさに、この時代の転換点にあったと言えます。しかし、転換点の中心にいると気づきにくいもので、伝統的な大企業への就職に疑問を持っていた私も、インターネットベンチャーという選択まではたどり着けずに、外資系のIT企業という中途半端な選択をしてしまいました。

それも無理もない話かもしれません。ちょうど1999年というのは、サイバーエージェントも楽天も数十名以下の創業初期で、その存在を知ることさえ難しかったのです。仮にその存在を知ったとしても、就職先として検討するのは常識的に考えて難しいことだったはずです。

今となっては巨大な世界企業になったソフトバンクでさえも新興ベンチャーの一角で、携帯電話事業はもちろん、テレコム、球団の事業はなく、パソコンソフトの流通と出版を扱う新興企業のイメージでした。

もう一つ、起業家や経営者がみんな大企業出身だと勘違いされやすい厄介な構造的要因として、10～20年で会社が大きく変化することが挙げられます。つまり、**今大企業として知られている会社も昔はベンチャー企業だった会社が多いという事実を忘れてしまいがち**

であり、多くの人はそうした時間軸でのダイナミックな変化を想像しにくいのです。

有名な起業家は大企業出身だと思われがちですが、実はその人が就職した当時はベンチャー企業だったという事例をいくつか挙げてみたいと思います。サイバーエージェント、DeNA、グリーといったインターネットのメガベンチャーの創業者3名について見てみましょう。


まず、サイバーエージェントの藤田晋氏は、経歴だけみると、就職については1997年インテリジェンス（現・パーソルキャリア）新卒入社となっています。インテリジェンスという会社を知らない若い世代からすると、「パーソルキャリアか。やっぱり大手企業出身だ」という短絡的な理解をしてしまいがちです。

1997年当時のインテリジェンスという会社がどのような会社で、どの程度の規模であったかについてちゃんと調べる人は少ないものです。いざ調べようにも意外と大変です。私は実際に当時のインテリジェンスを知る複数人からヒアリングして、実態を理解しようと努めました。こうした地道なリサーチが、産業・企業・個人のキャリアを時間軸思考で立体的に捉えるために重要なのです。

それで、当時のインテリジェンスはというと、社員数80名規模の未上場ベンチャー（3年後に上場）だったようです。

次に、本書でも第9章でご登場いただくDeNAの南場智子氏ですが、経歴をみると、1986年にマッキンゼーに新卒入社しています。マッキンゼーは今となっては高学歴の学生が憧れるブランドを持った世界的なコンサルティング会社ですが、1986年当時はどうだったのでしょうか。

これも当時の同社を知る複数人にリサーチをしましたが、当時のマッキンゼーは日本においてコンサルタント数十名規模だったのではないかと言われています。コンサルティングという仕事の特性上、クライアントワークでオフィスにいないことも多く、正確に当時の社員数を把握されている人が少ないのですが、少なくとも日本で100人以上の規模になったのはもっと先だったことは間違いありません。

私が就職活動した1999年においてさえも、マッキンゼーの知名度は東大のなかでも低く、当時東大生だった私も知りませんでした。

最後に、グリーの田中良和氏についても触れますが、経歴をみると、1999年にソニーコミュニケーションネットワーク（現・ソニーネットワークコミュニケーションズ）に新卒1期生で入社しています。設立4年のソニーグループのインターネットベンチャーで、2005年に東証マザーズに上場することになる会社です。

そこから2000年には楽天に転職しているわけですが、この2000年当時の楽天というのも、今とは規模が大きく違うので注意が必要です。1999年12月期の売上6億円規模から2000年4月の上場（店頭公開）を経て、2000年12月期の30億円へと飛躍する時期で、社員数で言えばおそらく50名規模から200名規模に増えていくようなフェーズだったはずです。

ちなみに、楽天の数百名規模のときまでに在籍していた人たちの多くは、後に起業家やベンチャーの経営陣として、さまざまなフィールドで活躍されています。まさに起業家人材輩出のホットスポット（起業家人材を連鎖的に生み出すクラスター）を形成していたと言えるでしょう。

※調査の詳細は、Goodfind『起業家100人のキャリア徹底解剖―起業家になるには、どんな経験が必要か―』（https://www.goodfind.jp/articles/1263）を参照。

「ベンチャーから大企業には転職できない」という誤謬

起業家や経営者が大企業出身者ばかりではないこと、むしろ最近ではベンチャー出身者が増えていることが理解できたとしてもまだ、まずは大企業に行きたいと思う心理があるようです。

「大企業からベンチャーに行くのは簡単だが、逆は無理だから」と言う人がいます。これは根強い誤解です。

まず、大企業からベンチャーに行くのは簡単だと言いますが、本当に簡単なのでしょうか。私はそうは思いません。

大企業勤めの後にベンチャーに転職するのはなかなか大変です。まず情報が入手しづらく、新卒のときに比べてインターンなどで会社の内情を知る機会も限られます。

また、親や配偶者（はたまた配偶者の親）など周りからの反対もあるでしょう。給与や福利厚生が一時的に減ることに抵抗があるかもしれません。

採用するベンチャー企業側も、大手企業1社でしか経験を積んでいない人の採用には慎重になる傾向があります。

もともとはベンチャー全体が村のような人口規模だったため、20年前は「ベンチャーでの中途採用＝大手からの転職」でした。ただ、今ではベンチャー村も移民が増えて大きくなり、メガベンチャーも増えました。

そうなった今、採用するならベンチャーもしくはメガベンチャー出身者の方が、カルチャーフィットの心配をせずに採用できます。**伝統的な大企業にいた人は、「ベンチャーのカルチャーにフィットするか」という観点でリスクがあると見られる**ことを認識しておいたほうがいいでしょう。

また、「ベンチャーから大企業には転職できない」とする説も根強く存在しますが、これも誤解です。

たしかに、20年前はそうだったかもしれません。そもそも大企業の多くが中途採用自体をしていませんでした。しかし昨今、大企業も中途採用をするようになっていますし、その際にオープンイノベーションやDXを推進するため、ベンチャーやスタートアップでそういったプロジェクトを推進してきた人材を採用するケースも増えてきています。

また、そもそも、中途採用がマーケットで成り立っている以上、優秀な人材を採用しようと思っている大企業は合理的に、優秀な若手が新卒でどこに流れているかをマーケットリサーチしているはずです。その結果、新卒の優秀層が入社している、いわゆる難関ベンチャー企業（本書で紹介しているような企業です）の在籍者は、中途採用のターゲットになるでしょう。

特に、中途採用においても優秀な人材の採用に積極的なリクルートをはじめ、Google、Amazonといった外資系ＩＴ大手、外資系コンサルティングファームなどは中途採用で実際にベンチャー出身者を採用しています。

こういった実態があるにもかかわらず、「大企業からベンチャーは行けるけれど逆は無理だから、まずは大企業に行った方が良い」とアドバイスする人が日本中の至るところであとを絶ちません。間違ったアドバイスによって生まれる挑戦の機会損失を思うと、残念でなりません。

迷ったら、多くの人が選ばない方を選ぶ

このように、ちまたに溢れるキャリアの話は誤謬だらけです。そんななかで一つ確実に言えることは、「通説を疑え」ということです。

では、信じられるのは自分だけかというとそうでもありません。自分の認知も怪しいものです。人間には自分の知っていることに固執し、結果的に判断を歪めてしまう認知バイアスが存在します。私たちは日々、認知バイアスと闘っているとも言えます。

例えば、社会心理学でハロー効果と言われますが、人間は不確実な状況でよくわからないときに、権威やブランドに引きずられて意思決定をしがちです。また、確証バイアスと言って、情報収集においてもフィルターがかかって、見たい現実を支持する情報ばかり集め、反証する情報を無視する傾向もあります。

その意味では、自分の認知も健全に疑った方が良いのです。**自分の認知バイアスに気づくためには、「自分がこう思わされてしまっているのは、どういう構造からか?」といった客観的な俯瞰思考（メタ認知と言います）が必要**となります。

では、キャリアに関して普遍的なアドバイスなどあり得ないのでしょうか。一つだけ、

私が普遍的に通用すると考えている思考法があります。

それは、「**迷ったら多くの人が選ばない方を選ぶ**」ことです。もう少しキャッチーに言えば、「迷ったらネタになる方を選ぶ」です。

「みんなが選ばないものを選ぶなんてハズレくじだろう」と思って直感的には受け入れがたい人も多いかもしれません。確かに、「とにかく人が選ばないものを選べ」だと、損をするだけの人になって終わってしまうリスクもあります。

このアドバイスは「迷ったら」というところがポイントです。「迷っている」ということは、別の言い方をすると「甲乙つけがたい」とも言えます。つまり、どちらも良いわけです。それなら、多くの人が選ばない（選べない）方を選んだ方がチャンスは大きいのではないでしょうか。

多くの人はよくわかっていない、もしくは気づいていないが、自分だけが気づいているチャンスとも言えます。それこそが、超過利潤の源泉です。

また、普通だと選ばない方を選ぶと、その時点で「話のネタ」になります。「なんでそんな選択をしたの？　君、面白いね」と言ってもらえる可能性が生まれるのです。どちらでも良いと思うぐらい甲乙つけがたい選択肢なのであれば、「話のネタになる」というおまけが付く選択肢を選ぶ方がお得ではないでしょうか。

ちなみに、私が知るかぎり、若くして普通ではあり得ないポジションに就いたり、普通ではあり得ない資産形成ができていたりする経営者や起業家の多くが、同じような経験について話していました。就職先・転職先として複数候補で迷ったときに、「最も小さいところを選んだ。なぜなら、自分が生み出す影響が相対的に最も大きいと思ったから」といった発言です。

これは、成功する人、特に新しいものをつくり上げるShaperたちに共通して見られるマインドセットです。

究極の安定は、自らつくり出す力を身に付けること

「Shaperなんて自分には無理ですし、新しいものをつくるのは向いていません。自分は残念ながら安定志向です」という人もいるでしょう。自分は安定志向だから、安定した業界や大企業に行って、安定した人生を送ることを思い描いているのかもしれません。

しかし、それが本当に安定と言えるでしょうか。

私は、28歳のときに大企業を辞めて起業しました。周りからはよく辞めたね、勇気があるね、とも言われました。

しかし、私は将来の安定のために起業しました。

どういうことかと言うと、大企業に雇われ続けることが安定なのだろうか、どこかでリストラされたらどうしよう、リストラとまでは行かなくとも事業再編はあるかもしれない、自分でコントロールできないリスクが真のリスクではないか。

そう考えたときに、自分で自分の仕事を生み出し、自分で自分を雇って給料を払うことが一番の安定ではないかと思いました。少なくとも、その時々の社会を見て自分や仲間数人に十分な給料を払えるスモールビジネスを創出することができれば、それが究極の安定ではないかと思ったのです。その瞬間から、私はきっとShaperとしてのキャリアを歩み始めていたのかもしれません。

安定とは自分の外にある安定した何かに依存することではなく、一見不安定に見えるかもしれませんが、自分で常に新しい価値をつくり出し、自らつくった道の上を歩いて行け

るような力を身に付けることだと思ったのです。

その考えは、起業して15年経った今も変わりません。スローガンという会社は世間的に見れば、中小規模の会社で、いつどうなるかわからないような存在でしょう。

でも、私自身は会社がどうなっても、あるいは自分が創業した会社を離れることになったとしても、また新たにいくらでも市場から求められる事業を構想してつくり出せる自信があります。少なくとも、そうしたゼロからイチをつくっていくことを共に楽しめる仲間がたくさんいることは、私にとって大きな財産の一つです。

無名の会社やまだブランドのない会社を選ぶときには勇気がいるかもしれません。でも、仮にその会社が倒産しても、そこで一緒に働いていた先輩や後輩などの同僚たちとまた会社を起こせばいいや、きっとこの人たちとなら何でも楽しみながら新しいものをつくっていけると思えたとしたら、悪いほうに転ぶリスクを心配する必要はないでしょう。

成長したい人ほど成長できないパラドクス

若いうちからたくさん働きたいと思って、ベンチャー企業やスタートアップに興味をもっている人もいるでしょう。「とにかく成長したい」という人もいますが、これには少し気を付けた方が良いでしょう。

もちろん、成長欲求がある人は、頑張りたくないと思っている怠惰な人に比べたら、向上心があって良いでしょう。でも、向上心があることが当たり前とされるようなレベルの世界においては、自己成長だけを追い求める「自己成長エゴイスト」は鼻つまみにされます。

自己成長が第一目的になってしまっている人は、自分の成長につながりそうかどうかの基準で仕事を選ぶでしょう。そうでなくとも周りからそう見られている時点で信頼されづらく、いろいろな仕事を任せてみようとは思われにくいものです。

つまり、**「成長したい」という自我が強すぎると、周りからは自己成長エゴイストだと思われて、良い仕事が回って来なくなる構造になり得る**のです。

一方で、組織や顧客の成功のためにと思って仕事をしていると、顧客や上司からの信頼が集まり、結果として良いチャンスが巡ってきます。

つまり、成長したい人ほど成長できないパラドクスが存在するのです。

それでは、いよいよ次章から具体的な企業の事例を通して、新産業をつくるための思考法を感じ取っていただければと思います。

Shapers

第1部

事業創造のアプローチ

Chapter 1

世界基準で勝負する日本発スタートアップの流儀。プロダクトで挑む産業創造

Sansan

世界基準のスタートアップとの違い

日本から世界的なスタートアップが生まれないことを嘆く声があります。
その理由としては、日本市場がそれなりに大きな市場であり、必ずしも世界で勝負する

必要がないことや、言語バリアがあることなどが挙げられます。

しかし、それだけでなく、もっと根本的なところで、世界基準のスタートアップと日本のベンチャーには違いがあるように思います。そして、それが世界的なスタートアップが日本から生まれない理由の一つになっているのではないか、と私は考えています。

その違いを生む要因とは、**日本のベンチャーが「なんでもする」こと**です。

例えば、ウェブ広告やメディア事業、アプリ、ゲーム、クラウドサービス、コンサルティング、人材サービスまで、多岐にわたり事業を広げているケースがあります。また、事業領域も求人、不動産、旅行、飲食、教育などに幅広く展開して、貪欲に成長を志向する。それがベンチャーだというイメージさえあるかもしれません。

この戦略は、日本市場で戦うなら間違っていないかもしれません。

日本の市場は、日本語が障壁となって、海外企業が参入してきづらい事情があります。そのうえ、国内人口も1億人以上いるので、日本のベンチャー企業にとっては海外に出ていかなくても十分なマーケットがあるのです。

つまり、グローバルに展開するよりも、ローカルの日本市場でシェアを取っていったほうが成長しやすいので、あえて海外に出ていかない企業も少なくないのです。

また、日本では戦後、特定の産業分野では、最も経営体力や競争力のない企業が落ちぶれないように、弱い企業を基準にした政策やルールをつくり国が企業を守る「護送船団方式」がとられてきました。そうして国の成長とともに大きく成長してきた大企業群が、いくらか自由競争が進んだ今でも優位に立っていて、大企業中心の経済ができあがっています。

人材も、優秀な人ほど大企業に就職する傾向が強く、相対的に起業家やスタートアップで働く層が薄いのが現状です。競合が少ないからこそ、日本のベンチャーはリソースを集中させず、さまざまな事業に分散させても戦えた側面もあるでしょう。

その結果として、特定の市場やプロダクトにフォーカスせずに、なんでもやろうとする会社が多くなったのではないでしょうか。

ところが、**舞台を世界に移すと、なんでもやる会社が勝つのは難しい**現実があります。

実際に、シリコンバレーや欧州から出てきてグローバルに拡大している会社は、基本的に焦点が定まっている会社です。言い換えれば、特定のマーケットに対して特定のプロダクトで勝負している会社が、海外で成功しているケースが多いのです。

それらの会社は、「そのプロダクトを通して、どのような世界をつくりたいか」といった世界観や思想、アイデアをプロダクトに込めて提供しています。

例えば、Googleは今でこそ、さまざまな領域のプロダクトを抱えていますが、初期には検索という一点において世界展開をしていました。FacebookもTwitterも、一つのプロダクトで世界展開を進めています。

あとに続く、Airbnb（エアビーアンドビー）、Uber（ウーバー）、Spotify（スポティファイ）、Netflix（ネットフリックス）なども、基本的には一つのプロダクトで世界市場に打って出ています。

世界で勝つためには、あれもこれもと手を出している余裕はないのでしょう。

余談ですが、「日本は大企業中心の社会だから、日本では起業するより大企業に就職するほうが得だ。自分がシリコンバレーにいたら起業してもいいと思う」と話す若者に会ったことがあります。私はこの意見にはまったく同意できません。

むしろシリコンバレーのような、競争が激しく、ベスト&ブライテスト（「最良の、最も聡明な人々」の意）がみんな起業やスタートアップに向かう環境で勝負するほうが、よほど分が悪いと考えるのが理にかなっているのではないでしょうか。

日本はいまだに、優秀な若者の大半が外資系コンサルティングファームや投資銀行、総合商社などの大手企業に就職したり、医師や弁護士になったりする社会です。起業やスタートアップ方面への優秀な人材の流入がまだ少ない状況なので、逆にチャンスが大きいといえます。

シリコンバレーの人たちからしたら、**起業する環境として日本はとても魅力的**なはずです。国内市場がある程度大きいにもかかわらず、競争がゆるやかなのですから。

ソフトウェアが世界を飲み込む

「Software is eating the world.（ソフトウェアが世界を飲み込んでいる。）」は、２０１１年にウォールストリートジャーナルに寄稿された文章の一節です。寄稿したのは、シリコンバレーにある米国トップクラスのベンチャーキャピタル、アンドリーセン・ホロウィッツを創設したマーク・アンドリーセン氏です。

その文章には、あらゆる業界でソフトウェアによって古いビジネスモデルに構造転換が起こされ、世界を変えていっている様子が描写されています。

世界最大の書籍販売会社であるAmazonも、世界最大のビデオサービス会社であるNetflixも、iTunesを提供するAppleやSpotifyも、すべてソフトウェア企業です。Googleについても、世界最大のダイレクトマーケティングプラットフォームを提供するソフトウェア企業として描写されています。

「ＩＴの時代」、「デジタルの時代」と言われて久しいですが、よりレンズの解像度を上げて見てみれば、それは「ソフトウェアを中心としたプロダクトの時代」とも言えるでしょう。

特に日本の場合は、ＩＴ企業といっても実は千差万別です。

ＩＴ企業と名乗っている企業の多くは、実は自社のプロダクトを持たない受託開発会社だったりします。プロダクトを持っている事業会社とあえて対比してみると、そうした受託開発のビジネスモデルは、必ずしも生産性が高くない構造になっています。

良心的でないケースでは、クライアントに言われるままに、全体として最適化されていない、つぎはぎだらけの開発を続けて、保守・メンテナンスの代金で利益を上げている会社もあります。実はこうした受託開発会社の多さが、日本企業がＩＴによって生産性を上げられない構造的要因とも言えるのです。

伝統的な日本の大企業はもとより、会社にＩＴシステムを導入したい場合でも、自社でエンジニアを抱えずにＩＴベンダーに依存する傾向があります。そのため、ＩＴシステムの企画・開発・運用など請け負う「SIer（エスアイヤー）」と呼ばれる企業が大きくなり、ＩＴサービス業として大きな産業へと成長してきました。

なかには、企業ごとにオーダーメイドで受託開発するのではなく、多くの企業で使えるようにあらかじめ機能を盛り込んだ「パッケージソフト」と呼ばれる自社製品を開発するＩＴ企業も存在します。近年はクラウドサービスも伸びていますが、いまだにＩＴサービス市場の大半は受託開発によって占められています。

私たちは、**グローバルに成功しているIT企業の多くが、一つのプロダクトを磨き、世界市場に提供している**という事実に、もっと目を向ける必要があるでしょう。そのプロダクトの磨き込みこそが、顧客への提供価値を高め、社会へ大きなインパクトを与えることにつながっているのです。

しかし、そんな日本でも、クラウド（インターネット上でサービスを提供できる）環境が充実してくるにつれて、自社のプロダクトで勝負するスタートアップが増えてきています。

クラウド名刺管理からイノベーションを起こす企業へ

日本発のプロダクト型スタートアップとして、真っ先に思い浮かぶのはSansan（サンサン）です。

Sansanは、名刺管理ソフトウェアからスタートしました。名刺を管理できるソフトウェア製品はこれまでもあり、市場としては存在していました。同社はそれをクラウド型のサービスとして提供し、市場をさらに大きく成長させてきた経緯があります。

名刺管理のサービスを提供していると言うと、「名刺の管理だけですか？　もっと他のこともやらないのですか？」と思う人もいるかもしれません。

しかし、それはまさにフォーカスが明確であるという、世界に通用するプロダクトを生む会社の特徴でもあるのです。

提供するのは一つのプロダクトでも、それを磨き込めば、大きな価値を生むものになります。

Sansanは、名刺管理という具体的かつ機能的な価値を提供しています。しかし、今はさらに抽象度を上げて、ビジネスの出会いが持つポテンシャルに注目し、「イノベーションを生む出会いをいかにつくり出すか」という世界共通の課題に取り組む企業になっています。その過程で、セールス領域やマーケティング領域、イベント領域へと価値の提供範囲を広げていっているのです。

できることを着実かつ愚直に積み重ねながら、大きく世界的なテーマに挑んでいく。まさに、着眼大局・着手小局（大きな視点で物事を見て、小さなことから着実に実践していくことの意）と言えるでしょう。

一つの価値を磨き込んだからこそ、エッジの立ったサービスが生まれ、世界に通用する企業になれる。別の言い方をすれば、フォーカスが明確だからこそ、それをひたすら考え抜くことができ、その結果として世界中の人が困っている問題にまで思いを馳せられるようになる。つまり、発想が自然とグローバルになっていくのだと思います。

Sansanがすごいのは、名刺管理という一見狭い機能的な価値を、イノベーションという世界共通の大きなテーマに抽象度を上げながら、プロダクトが提供する価値や世界観を磨いていっているところです。

たしかに、名刺交換という儀礼は、ビジネスにおける出会いの瞬間です。ビジネス上の出会いがあるからこそ、異なる才能や発想が出会い、新しいチームが生まれ、チームがイノベーションを起こすのです。すなわち、「Sansanはイノベーションを起こす会社なのだ」と価値を定義し、愚直にその価値を追求していくことは、実はそう簡単なことではありません。

同社のプロダクトが生み出す価値が本質的にはイノベーションであると同時に、会社自体もまたイノベーションに取り組む組織でもあります。データやAI、テクノロジーを活用して、未来を進化させていこうとする取り組みがあります。

提供するプロダクトを磨き込むために、イノベーションについて本気で考えている。さらに、自分たちも本気でイノベーションを起こす組織であり続けようとしている。そういう意味で、Sansanは世界的に見てもユニークな存在ではないでしょうか。

同社の組織のあり方を見れば、イノベーションを起こす組織の条件が見えてくるように思うのです。

顧客をリードする存在であれ

イノベーションを可能にする組織とは、どのような組織なのでしょうか。組織づくりにおいて、どのような思想や工夫がイノベーションを生みやすくするのでしょうか。

これは、世界的な経営学者も探求し続けているテーマです。

しかし、これまでの研究では、イノベーションを起こす組織のつくり方は明らかになっていません。研究で示されているのは、組織として出来上がっていて変化を好まない大企業で、イノベーションを阻害しないためのナレッジや、イノベーティブとされる特定の組織のカルチャーを（再現性にかかわらず）まとめたものに過ぎないケースが大半です。

現状、**「こうすればイノベーションを起こす会社ができる」という公式はない**のです。そうなると結局は、イノベーションを起こそうと本気で試行錯誤している組織の模索的な取り組みからヒントを得るしかありません。

そういう意味で、プロダクトと組織の両面からイノベーションに取り組むSansanの組織カルチャーは、示唆を与えてくれます。

同社の組織は、イノベーションの創出という一貫したテーマをいかに組織に根付かせるかを考え抜かれて運営されています。

例えば、企業理念には「SansanのカタチSansan のカタチ」として、ミッションとバリューズが掲げられています。ミッションは「出会いからイノベーションを生み出す」というものですが、「イノベーション」という言葉がそのまま入っているケースは、実は珍しいのではないでしょうか。イノベーション創出への本気と覚悟を感じます。

また、同社には「カタチ議論」という会議があります。例えば、「バリューズに今は書かれていないけれど、事実としてSansanの強みとなっている要素は何か」といったテーマを全社で議論していくのです。

特徴的なのは、議論を4つのフェーズに分けることです。一つ目のフェーズとして、約730人いる全社員を7人くらいのグループに分けて、100のグループでそれぞれテーマについて議論していきます。その内容を部署に持ち帰り、議論する。これが二つ目のフェーズです。フェーズ3では管理職以上が議論し、取締役以上で議論するのがフェーズ4です。ここまで徹底的に議論する会社は珍しいのではないでしょうか。

そのようなプロセスを経て、バリューズは追加されたりブラッシュアップされたりして、アップデートされ続けています。そして、それらすべてが、先をたどっていけばミッションの達成につながっているように思います。

例えば、バリューズの「強みを活かし、成果を出す」という項目からは、イノベーションを生み出すためにも、弱点を克服するよりも自分や同僚の強みを活かすことでスピーディに成果を生み出していこうとする意志を感じます。

また、「Lead the customer（顧客を先導せよ）」という考え方も、イノベーションと関連が深いでしょう。顧客の声に耳を傾けようとする会社が多いなかで、あえて顧客をリードしようというのですから。顧客の声を聞くことはもちろん重要ですが、それだけでは顧客の想像を超えることはありません。常識をくつがえして道なき道を進み、顧客すらも想像がつかないようなイノベーションを起こすのだという覚悟が垣間見られます。

Sansanの人事戦略を指揮する取締役の大間祐太氏は、このように話します。

「単純に顧客が求めていることをするのではなく、あくまでも**私たちが実現したい世界観を実現するために、顧客とマーケットをどうリードしていくのか。そして、そこに価値があることに、いかに気付いてもらうか**が重要です」

ほかにも、社内での出会いを促進する「Know Me」という飲み代の補助制度だったり、徳島県の神山町にある古民家にサテライトオフィスをつくるなど働き方の柔軟性を高める取り組みをしています。これらの施策の裏には一貫して、イノベーションというキーワードが存在しているのです。

Interview

イノベーションを起こす組織とは

大間　祐太（おおま・ゆうた）

取締役／ＣＨＲＯ(Chief Human Resources Officer)／人事部 部長

新卒入社した人材系ベンチャーで、営業として採用コンサルティング事業の立ち上げを経験。その後独立し、取締役として採用領域のベンチャー企業立ち上げに携わる。２０１０年にSansan株式会社へ入社。営業マネジャー、人事部副部長・人事部長を経て、２０１８年に執行役員／ＣＨＲＯに就任。２０１９年８月、取締役に就任。

名刺管理サービスから始まったSansanは、プロダクトの価値を徹底的に磨き込むことでイノベーションに本気で取り組む組織となった。しかし、イノベーションを起こせる組織のかたちに解はない。だとすれば、同社はどのような組織を目指しているのだろうか。

伊藤　これだけイノベーションという言葉が埋め込まれている組織も珍しいと思いますが、まず御社ではイノベーションをどのように定義されていますか。

大間　新しい常識が生まれることがイノベーションだと考えていて、社内でも常々そのような話をしています。具体的に言えば、私たちのプロダクトを通じて出会うべき人たちが出会える世界になることが、私たちが目指すイノベーションです。プロダクトがもたらした出会いが価値やイノベーションを生んだとすれば、そこには私たちが生み出したイノベーションが存在していると言えると思っています。

伊藤　「ビジネス上の出会い」の抽象度を上げていくと、究極的にはイノベーションを生み出すところにつながるのですね。「イノベーション」という言葉は以前から使用されていたのでしょうか。

大間　いえ、一つ前のミッションでは「ビジネスの出会いを資産に変え、働き方を革新する」ことを掲げていました。ミッションやバリューズをアップデートする「カタチ議論」という社内会議を2年に1回ほど実施しているのですが、そのなかで「出会いからイノベーションを生み出す」という言葉が生まれ、ミッションに掲げるようになりました。

伊藤　アップデートしたことで、世界観がぐっと広がった印象を受けます。

大間　それが狙いです。私たちは**事業をさらにアップデートしていくために、その都度、ミッションやバリューズを最もふさわしい言葉に書き換えています。**その言葉を組織に浸透させることで、実現性を高められると考えているからです。

伊藤　抽象度を上げると、具体的なイメージを描きづらくなることもありますね。「出会いからイノベーションを生み出す」ことの具体的な例はありますか。

大間　それを理解してもらうためによく挙げるのが、Googleの例です。もし、Googleの共同創業者であるラリー・ペイジ氏とセルゲイ・ブリン氏が出会わなかったら、今のGoogleはなかったかもしれないですよね。もし、ソフトバンクの孫正義氏が当時シャープの副社長だった佐々木正氏に出会わず、大学在学中に開発した「音声機能付き電子翻訳機」のアイデアを買ってもらうことがなかったら、今のソフトバンクはなかったかもしれません。

もしかしたら出会わなかったかもしれない二人を、私たちのプロダクトで出会わせることができれば、出会いからイノベーションを生む世界を実現できます。彼らのような運命的な出会いを、プロダクトの力でつくり出していきたい。それが、私たちが本当にやりたいことです。

伊藤　同じようにイノベーションを起こしたいと考えている企業は多いと思いますが、一筋縄ではいかないようです。大間さんはイノベーション起こす組織とは、どのような組織だとお考えですか。

大間　イノベーションを起こす組織の条件は3つだと考えています。1つ目は、ミッションなど企業として掲げる旗に、「イノベーションを起こす」という意思が込められていることです。なぜなら、**意思があるところにしか道はなく、イノベーションが偶然起こることはない**と思うからです。

2つ目は、会社のミッションと事業やプロダクトとの紐づきがシャープであること。すごいミッションを掲げていても、実際に手掛けているビジネスがまったくリンクしていないとしたら、はたから見ても信憑性がありません。それに、事業やプロダクトに携わっているメンバーが、会社のミッションを信じられなくなります。

3つ目は、ミッションと、それを実現するために今大事にしなければならない価値観やバリューズをメンバーが信じて、自分事にできるかどうか。そのために私たちは、カタチ議論という会議（61頁参照）を開いて、時間をかけて全社員で議論しています。

伊藤　カタチ議論は、はじめに社員同士で議論したものを部署内、マネジャー以上、取締役以上へどんどん上げていって全社で議論するボトムアップの仕組みですよね。かなり時間がかかりそうですが……。

大間　そうですね。4つのフェーズを合わせると、全部で5000時間くらいかけてカタチ議論のアウトプットを出していることになります。それほどコストをかけるべきなのか、という疑問は当然あると思います。5000時間あったら、何件受注できるか。新機能のリリースだってできるでしょう。ですが、それらを犠牲にしてでも、ミッションやバリューズに向き合う時間を取りたい。それくらい、今掲げているミッションやバリューズが大切で、実現すべきものであるという経営の意思表示でもあります。

だから、経営が決めたことをトップダウンでただ降ろすのではなく、全社で議論して決めるというプロセスを大事にしています。もちろんすべての意見を吸い上げるのは、なかなか難しいのですが、社員の意思をできるだけ反映するかたちで最終アウトプットを出します。

伊藤　全社を巻き込むことで、社員一人ひとりが自分事として捉えることができますね。そういったプロセスがあるからこそ、全社を挙げてイノベーションに向かっていく組織になるのでしょうか。

大間　そうですね。それと、開発やデザイン、クリエイティブなど、ほぼすべてを外注ではなく内製していることもSansanの特徴であり、強みにもなっています。思いを共有したエンジニアやデザイナー、クリエイティブの部隊が社内にいるので、プロダクトも組織も軸がぶれることはありません。

伊藤　イノベーションを起こす意思が組織の隅々まで浸透していることが、イノベーションの起こりやすい組織の特徴かもしれませんね。

意思あるところに道あり

畑井 丈虎（はたい・たけとら）
Sansan 事業部 Sansan Plus部 部長
東京工業大学卒。2015年4月にSansan株式会社に入社し、エンタープライズ営業を経た後、シンガポールで営業基盤づくりに従事。2018年4月から事業企画部にて営業組織強化や、Sansan Plus部にて新規ソリューションのグロースに取り組んでいる。

新卒入社3年目にシンガポールにわたって営業組織を立ち上げたり、4年目で営業組織を強化するグループを立ち上げたりと、新卒社員としては異例の活躍を見せる畑井氏。なぜ、そのような活躍ができるのか。その裏にある考え方に迫った。

伊藤　シンガポールに行ったときは、希望を出していたのでしょうか。それとも、経営側から打診されたのでしょうか。

畑井　私はもともと「グローバルで通用する経営者になりたい」と思っていたのです。最初は営業に配属されたのですが、企画や経営のキャリアが積みたいと自分の意思を伝えていたので、それを会社が酌んでくれてシンガポールに異動になったのだと思います。私は、自分の意思がどこにあるのかが大事だと思っています。

伊藤　意思を伝えていたから、チャンスが巡ってきたと。バリューズにも「意思と意図をもって判断する」とありますね。

畑井　キャリアの面でもビジネスの面でも意思を持つことは大事です。私たちは、誰かがすでにやっていたビジネスをしているわけではないので、何か一つ実行するときでも、徹底的にロジックを詰めて意思決定しないといけません。そういった意識は会社に入ってから身についたものですが、後の仕事にも役立っています。

伊藤　新しいことをしようとすると、すでにあるやり方を踏襲したり他社の真似をしたりはできないので、自分たちで根拠を積み重ねて判断しないと成果も出ないということですね。

畑井　そうですね。Sansanには、成果を出すことにコミットする文化があるので、成果を出せるかどうかという視点は欠かせません。私も短期的な成果にはずっとこだわってきました。**成果を出し続けることが最も自分の成長につながる**と思っているので、早い段階でそういった姿勢が身について良かったと思っています。それに、成果を出すことは会社に貢献する方法でもあります。ビジネスパーソンとしても追求すべき部分ではないでしょうか。

伊藤 ビジネスでも、意思や意図が大事だと実感したことはありますか。

畑井 私は営業から事業企画部へ移ったのですが、個人の営業成績をどう伸ばしていくかと、事業をどう伸ばしていくかは変数の数がまったく違います。だから、そもそも意思がないと物事を決断できないこともありました。特にシンガポールに行ったときは、何も正解がないなかで、自分で考え抜いて決める必要がありました。そのときに、「意思と意図を持って決めるとはこういうことか」と納得したのです。それが後に自分の成長につながっているので、シンガポールでの経験は貴重でした。

伊藤 とはいえ、入社3年目に海外で営業組織を立ち上げるのは、大変なことも多かったのではないですか。

畑井 そうですね。ただ、Sansanの経営陣は相手が誰であろうと事業に対してコミットしています。「新卒3年目だから」「海外は初めてだから」というのではなく、事業をいかに伸ばすかというところに、私と一緒になって真剣に向き合ってくれたのです。そのように協力してくれる人たちの期待に応えたいという気持ちが、大変なことがあってもなんとか頑張れる原動力になったと思います。

伊藤　新卒3年目だし、海外は初めてだし……と思われていたら逆に大変だったと？

畑井　他の会社なら、「新卒3年目だし、これくらいでいいだろう」と妥協されることもあると思うのです。でも、そういう意思決定がまったくなかったからこそ、私も事業について考え抜くことができたし、思いきり頑張れたところがあります。だから逆に、仕事がやりやすかったですね。

Sansanの意思決定の仕方は、他の会社と大きくは違わないと思います。違うのは、一人ひとりに意思決定する機会があることです。**入社後まだ間もなくても、自分はどうしたいのかをちゃんと主張していい。自分の意思にもとづいて行動していい**のです。

伊藤　実際に畑井さんは、どのように自分の意思で行動されているのですか。

畑井　例えば、営業組織の生産性を上げるために採用に力を入れたほうがいいと思い、人事部を兼務して自ら採用活動をしました。新しくたくさん人が増えて、その人たちを受け入れる仕組みが必要になったときには、そもそも営業のグレード（評価方法）を見直したほうがいいと思い、グレードも変えていきました。そしたら、それがキッカケとなって全社のグレードを見直すことになったことがありました。

伊藤　「ここを変えたほうがいい」とか「ここに問題がある」と言える人は少なからずいると思いますが、では具体的にどうするのかという企画を持っていて、それを自分で推進できる人は、一般的にはあまり多くない印象です。それは畑井さんだからできたのか、それともSansanでは皆さんそのように動いているのでしょうか。

畑井　前提として、意見を言うだけではなく、企画をして推進までしないと評価されないことが大きいと思います。意見を言っただけでは何も起こりません。自分で行動しないと、成果は出せないのです。だから皆、事業や組織を自分で変えていこうとするモチベーションは高いと思いますね。

伊藤　なるほど。今後についてはどのような展望を持っていますか。「グローバルに通用する経営者」という目標は変わっていませんか。

畑井　変わっていません。短期と中長期でそれぞれやりたいことがあります。まず短期的には、会社の一番の課題に対して行動したいと思っています。やはり、会社にどれだけ貢献できるかを考えてはじめて成長できると思っているので、会社に貢献したい気持ちが強いです。Sansanの事業を伸ばすためには、導入社数を増やすか、一社あたりの単価を上げるかという2通りの方法があると考えています。導入社数については、国内市場でいかに営業を増やせるか、海外展開をどう成功させるかが肝となるでしょう。一社あたりの単価を上げることを考えるなら、新しいソリューションが必要になります。一方で、中長期的にはグローバルな経営者を目指したいので、海外に挑戦したい思いがあります。経営者という部分では、そこに至るステップがあるので、日々の成果を積み重ねて、地に足をつけて頑張るしかないと思っています。それが会社から求められていることでもあるでしょうし、自分が成長する方法でもあると思っています。

伊藤　一つの事業の収益化や小さなプロジェクトでも、自分ですべての変数を見て意思決定していく経験は、確実に経営能力につながっていくと思います。

Chapter 2

社会課題を事業で解決する。
ソーシャル・エンタープライズのアプローチ

LIFULL

社会課題を解決する事業をスケールさせる

近年、企業が果たすべき社会的役割に関心が集まっています。ＳＤＧｓ（持続可能な開発目標）や、資本市場におけるＥＳＧ（環境・社会・ガバナンス）投資といったテーマに表れているように、こうした潮流は世界的に加速しています。

これから企業を見たり深く知っていくときには、「社会的役割を果たしている企業なのか」という視点も欠かせないものになっていくでしょう。

この世界的な流れを受けて、多くの会社が営利事業である自社の事業のなかに社会的意義を見出そうとしています。ただ、こじつけに近いものや抽象度が高すぎて事業とのつながりが見えにくいものが散見されるのも事実です。

一方で、「ソーシャルビジネス（社会的事業）」というと、NPO（非営利組織）をはじめとして、社会起業家が取り組むものというイメージもあるでしょう。

ただ、そうした社会起業のなかには、事業を大きく展開する力を持てずにいるものも多く存在します。清貧のイメージで良いことをやろうとしているが、お金にならず苦労したり、組織化できずに継続性が保てなかったりするケースもあります。

そうしたなか、社会起業家が取り組むような社会性の高い事業をテクノロジーの力でスケールさせる「ソーシャル・エンタープライズ（社会的企業）」に注目が集まっています。

「小さくてもいいから、社会的に意義のあることをする」従来の小規模な社会起業に比べて、**「社会的に良いことなら大きくするべきであり、そのためにテクノロジーや資本を活用していこう」というのが、ソーシャル・エンタープライズの考え方**です。

ソーシャル・エンタープライズは、もともとハーバードビジネススクールで提唱された概念です。世界的には、グラミン銀行、ザ・ボディショップ、パタゴニアなどがソーシャル・エンタープライズとして想起される企業です。

日本企業で言うと、全国の住まい探しができる不動産・住宅情報サイト「LIFULL HOME'S（ライフルホームズ）」を軸に事業展開しているLIFULL（ライフル）が、ソーシャル・エンタープライズの代表格と言えるでしょう。

「世界中のあらゆる『LIFE』を、安心と喜びで『FULL』にする」というコーポレートメッセージを掲げる同社は創業以来、社会的に意義のある事業づくりに力を注いできました。

LIFULLの事業の最も大きな柱は、全国の住まい探しができる不動産・住宅情報サイト「LIFULL HOME'S」です。この事業ももとをたどれば、不動産業界の情報の非対称性を解消するために生まれたものでした。現在は、不動産・住宅情報プラットフォームとして、知らない人はいないほどのサービスへ成長しています。

2018年には、LIFULL Social Funding（現・LIFULL Investment）という子会社をつくり、地域創生ファンドや融資事業もスタートさせました。地方創生や空き家問題の解消に向けて、空き家の利活用時に必要となる資金調達を支援するのが目的です。

2020年には、証券をブロックチェーン上でトークン化して、その発行や取引によって資金調達をするSTO（セキュリティ・トークン・オファリング）という方法を取り入れた取り組みが始まりました。

この取り組みの内容は、ブロックチェーンの技術を使い、不動産ファンドのオペレーションを自動執行することで運用コストを圧縮し、投資家や第三者がトークンの流れを追える仕組みにすることで透明性を担保するといったものです。

これらが広まっていくことで、空き家などの小規模不動産ファンドを世間一般に広く普及させ、空き家問題の解消につなげることを狙っています。

そのほかにも、次に挙げるように、子会社の設立によって周辺領域へも着実に進出しています。これらの取り組みはすべて、社是である「利他主義」と、経営理念にある「常に革進することで、より多くの人々が心からの『安心』と『喜び』を得られる社会の仕組みを創る」という世界観を実現するためであり、社会性の高い事業ばかりです。

・子育てママの就労支援事業「LIFULL FaM」(LIFULL FaMによる運営)
・日本最大級の老人ホーム・高齢者住宅検索サイト「LIFULL介護」(LIFULL seniorによる運営)
・遺品整理業者の検索サイト「みんなの遺品整理」(LIFULL seniorによる運営)
・引越し一括見積り・Web予約サイト「LIFULL引越し」(LIFULL MOVEによる運営)
・日本最大級のレンタル収納検索サイト「LIFULLトランクルーム」(LIFULL SPACEによる運営)
・貸し会議室・レンタルスペース施設検索サイト「LIFULLレンタルスペース」(LIFULL SPACEによる運営)

また、グローバル市場へも進出しています。

不動産などの情報を扱う、スペイン発の世界最大級のアグリゲーションサイト※1「Trovit(トロビット)」を2014年に、「Mitula(ミチュラ)」を2019年に子会社化し、

LIFULL CONNECTとして世界的に見ても不動産領域で巨大なプラットフォームを築くプレイヤーとなりました。

２０１９年の決算期における連結売上収益では、海外事業の成長が加速し、全体の22％を占める※2大きな柱になっています。

私自身は２００７年頃から、当時ネクストという社名だったLIFULLとお付き合いがあります。当時から事業を通して社会的課題の解決をうたう企業として注目していました。

２００７年当時はスローガンを創業したばかりで、私たちには実績は何もありませんでした。テレアポをしてお会いする機会をいただき、当時の人事担当で現在は執行役員CPO(チーフピープルオフィサー)を務める羽田幸広氏にお会いし、取引がスタートしました。創業初期のスローガンにとっては貴重な取引先の一社でしたが、実績のない私たちと取引してくれることが不思議でもありました。

今振り返ると、私たちの掲げていた「人の可能性を引き出し才能を最適に配置することで新産業を創出し続ける」という想いと事業の社会性に共感してくれたからこそ、初期からさまざまな取り組みをさせてもらえたのだろうと思います。

言うなれば、私も一人の社会起業家として、LIFULLの門を叩いたも同然だったのです。その志を真正面から受け止めてくれたのが羽田氏であり、代表の井上高志氏でした。

LIFULLとの出会いがなかったら、私たちも最初の志を曲げずに事業を続けていけたかどうかわかりません。LIFULLは当時すでに、事業を通して社会課題を解決し、それを大きくスケールさせている会社でした。そのような先行事例に触れたことで、私自身も勇気をもらえ、自分たちも志を実現していきたいと思ったのは間違いありません。

そう考えると、今、LIFULLが社内外の多くの経営人材とともに、事業を通じて社会課題を解決するムーブメントを起こしていることは、私の眼には必然として映るのです。

※1 アグリゲーションサイトとは、複数の会社が提供している情報サービスを1つのサービスとして提供するサイト。

※2 2020年の決算期における海外事業比率は、18・4%と少し下げたものの、全体の2割前後を海外事業が占めている。

社会にとって良いものであれば、挑戦すればいい

経営理念は、「やらないことを決める」ことで特定の事業にフォーカスするためにつくら

れるのが一般的かもしれません。そういう意味でもLIFULLはユニークです。LIFULLが掲げるのは「あらゆるLIFEを、FULLに。」というコーポレートメッセージであり、「社会にとって良いものであればどんどん挑戦してみよう」という考え方があります。経営理念に沿っていれば、比較的自由に事業をおこなっていく方針です。しかし、「儲かるから」という理由で事業を提案しても却下されるでしょう。「儲かるから」というだけでは、社会にとって良いものを手掛けるというLIFULLの理念に合っていないことになるからです。

社員からの提案で事業化したものの一つに、「LIFULL FLOWER」という花の定期便サービスがあります。実家が花農家を営んでいる社員が、大量に捨てられてしまう花やそれに困っている業界関係者を多く目にしてきたことから生まれたサービスだそうです。

また「スポーツ関連の事業を手掛けたい」と言って入社してきた社員が、一度スポーツビジネスに転職した後、LIFULLに戻って立ち上げた「Sufu（スーフー）」という事業もあります。

さまざまなスポーツについて、実績のある指導者がつくった練習メニューやトレーニング方法の動画を提供することで、選手や指導者、保護者の悩みを解消するサービスです。

これは一見、LIFULLとはあまり関係がないビジネスに思えるかもしれません。しかし、「あらゆるLIFEを、FULLに。」するための地域社会への貢献という観点から考えれば、地域に根ざしたスポーツのコミュニティをつくり上げることで、ユーザーにとって安心と喜びを提供できるとも考えられます。だから、スポーツ関連のビジネスもLIFULLの事業領域になり得るのです。


他にも最近立ち上げたばかりの「unii（ユニー）」というサービスがあります。新たな事業の創出に挑戦する企業がユーザーにオンラインでインタビューできるサービスです。ある社員が新規事業を検討するときに自身が感じた「不（不便や不満）」や、NPOなどの社会起業家たちと接するなかで感じた課題が起点になっています。

事業は社会的意義のある想いから始まっているのに、事業化の過程でユーザーのニーズを適切に吸い上げられていないために、結果として真のニーズと乖離してしまうケースが少なからずあったのです。それを解決するために立ち上げたサービスです。

インタビューに回答してくれたユーザーへの謝礼をNPO団体への寄付に還元できる仕

組みをつくることで、「社会課題を解決したい」「社会に貢献する事業を生み出したい」という想いを持つ人を応援するプラットフォームを目指しています。ソーシャル・エンタープライズを標榜するLIFULLの基盤となる可能性がある事業とも言えます。

羽田氏は言います。

「利他主義を一番大事な社是に掲げている会社だからこそ、いずれの事業も**ユーザーやクライアント、地域、社会、そしてLIFULLも含めた業界全体・社会全体が良くなるという確信を持てるかどうか**を大切にしています」

そして最後に大事なのは、「LIFULLっぽい」かどうかだと言います。「LIFULLっぽさ」とは、他者や社会を想う気持ちであり、社会全体を良くしていけるはず、というポジティブなエネルギーに他なりません。

最近では、社員が発案するボトムアップのアプローチに限らず、他社から事業譲渡やM&Aによる事業承継といった案件が来たときに、社長になりたい人に手を挙げてもらう動きもあるようです。

半年に一回、全社員が提出するキャリアデザインシートのなかで、若手から部長クラスまで、さまざまなレイヤーの社員が希望を出していると言います。具体的な事業アイデアは持っていなくても事業経営に携わりたいという希望がある人材を、経営人材候補のタレントプールとして把握しているのです。

「ゼロから新規事業を生み出す以外にも、経営に挑戦できるフィールドと経営人材候補とのマッチングを今後は進めていきたい」と羽田氏は語ります。

たしかに「経営人材」といっても、自分のなかのアイデアを事業化したい人もいれば、アイデアはないけれど経営にチャレンジしてみたい、もしくはそういう能力やポテンシャルを持った人もいるでしょう。

LIFULLには、新規事業を提案できる「SWITCH（スイッチ）」というビジネスプランコンテストがあります。しかしそれ以外でも、社内の経営人材候補を可視化し、経営人材へと引き上げていく仕組みがあれば、網羅的に経営人材候補を発掘できるというわけです。

「自分課題」から育まれる行動力と熱量

そもそもLIFULLが創業時から取り組んできた不動産住宅情報サービス事業は、当時不動産デベロッパーに勤務していた井上氏の体験がきっかけでスタートしました。井上氏は、マンション購入をしようとしてもローン審査に通らなかったあるご夫婦のために、たくさんの物件情報のなかからコンシェルジュのように適切な情報を提供して、大変喜ばれたそうです。

当時はインターネットが普及しておらず、不動産情報はモデルルームや紙媒体で集める必要がありました。井上氏はたくさんのモデルルームに足を運んで情報を集め、ご夫婦に提供したと言います。このときに「情報の非対称性を解消したい」と思い、それが「LIFULL HOME'S」事業を立ち上げる動機になりました。

創業のストーリーからもわかるように、LIFULLはトップダウンで網羅的に社会課題を抽出し、成長期待だけで参入する事業を決めるといったアプローチは取っていません。

羽田氏は、事業を生み出すときは、自分課題こそが大事だと言います。

「自分事として等身大の課題意識を持てるものを追求するからこそ、並々ならぬ行動力や熱量を持続させられる。それが徐々に社会と接続し、社会的に意義のある話へ拡大していくのです。そうした、うねりの起点となる自分課題を持っている人を応援するのが、『LIFULLっぽさ』なのだと思います」

地球環境問題のような、世界的に大きく難しい課題を解決したい人もいるでしょう。しかし、「なんとかしたい!」と行動する熱量は、もっと等身大の課題意識から生まれるものではないか、と言います。

自分事の問題に集中して取り組んでいたら、社会課題の解決につながっていた。そうした一人ひとりが持つ熱量と社会をつなぐサポートをすることで、社会課題を解決するような事業を生み出し続けられると考えているのです。

「社会課題」と聞くと壮大に思えて、自分には関係ないと思う人もいるかもしれません。でも、羽田氏の言うとおり、**熱量高く取り組める社会課題こそ、実は自分課題が起点になっている**ことが多いのではないでしょうか。

等身大の課題意識をどのように社会につなぐのか。テクノロジーをどのように活かし、どのような考え方でビジネスモデルをつくるのか。そうした知見を提供しサポートすることで、気がついたら社会的事業に取り組む事業家が育っていくのかもしれません。

創業当時の私自身が、LIFULLに触れることで自分課題を社会に接続し、ビジネスとして拡大していく覚悟ができたように。

Interview

100の社会課題解決に取り組む経営人材創出へのアプローチ

羽田 幸広（はだ・ゆきひろ）
LIFULL株式会社 執行役員 CPO人事本部長

2005年LIFULL入社。人事部を立ち上げ、組織づくりに尽力。2017年「ベストモチベーションカンパニーアワード」1位獲得、7年連続「働きがいのある会社」ベストカンパニー選出（2011～2017年）、健康経営銘柄選定（2015～2016年）。著書に『日本一働きたい会社のつくりかた』（PHP研究所）がある。

林 征一郎（はやし・せいいちろう）
LIFULL株式会社 人事本部

大手人材紹介会社を経て2009年にLIFULL入社。入社後は社内で新規事業2つ（地域コミュニティサービス事業、大学生向けキャリア教育事業）の立ち上げを担当し、2012年から人事本部へ異動。以来、新卒採用責任者として採用業務全般、イベント登壇などをおこなっている。

2025年までに100の社会課題解決に取り組むことを掲げ、着々と実績を積み上げているLIFULL。一般的には新規事業の成功確率は低いと言われるなか、社会的事業を量産する仕組みをどのように実現しているのか。

新規事業を創出する4つのアプローチ

伊藤　まず、「2025年までに100の社会課題に取り組む」というスローガンは、どのように生まれたのでしょうか。

林　「あらゆるLIFEを、FULLに。」するためには、すでに事業展開をしている住まいや介護の領域に限らず、世の中に数多く存在する社会課題を解決するスピードを上げていかなければなりません。そのためには、「新規事業創出」と「経営者育成」の2つが重要だと考え、このスローガンを掲げるようになりました。

伊藤　ただでさえ、一般的には新規事業の成功率は低いと言われています。100の社会課題解決は正直、容易ではないと思います。どのように取り組まれていますか。

林　新規事業の創出には、4つのアプローチがあります。1つ目は社員や内定者の提案から事業を生み出し、起案者が事業責任者や子会社社長を担うボトムアップのアプローチ。2つ目はLIFULLの考え方に共感した社外の人材から提案された新規事業のアイデアをもとに事業化を進めるオープンイノベーション。3つ目は経営理念に共感する企業にLIFULLグループに加わってもらい、新たな領域に取り組む事業承継やM＆A。そして4つ目はジョイントベンチャーのような、経営層のつながりから生まれるトップダウンのアプローチです。LIFULLはこの4つすべてのアプローチで、新たな事業を生み出そうとしています。

伊藤　M＆Aやジョイントベンチャーを通して事業領域を拡げる動きは、他社にもあるでしょう。でも、ボトムアップの仕組みを定着させることに、どこの会社も苦労している印象があります。どのような工夫をされているのでしょう。

林　まず、社内のビジネスプランコンテスト「SWITCH」を通じて、半年に1度、社員から新規事業のプランを募っています。2019年は年4回開催で合計130件ほどの応募があったのですが、それはエントリーの数と質を上げるためのさまざまな工夫や試行錯誤の結果です。例えば、エントリー自体が負担にならないように、**最初は簡単なエントリーシートだけで応募できるようにする**工夫をしています。

伊藤　最初のハードルを下げるのは効果がありそうですね。

林　また、具体的な事業アイデアはないけれど取り組みたい課題やテーマはあるという社員もいるので、同じ課題意識を持つ社員同士でチームを組み、事業開発グループのメンバーや社内のアクセラレーター（子会社社長など）も交えて、新規事業の立案に取り組む機会も設けています。

プランをプランで終わらせない

伊藤　実際にどのくらいのプランが事業化に至るのでしょうか。

林　2019年度のSWITCHでは、130件ほどの応募のうち8件が入賞しました。そのなかから実際に事業化に至るのは、だいたい半分くらいです。3カ月ごとに2、3件の事業プランが生まれると考えれば、良いペースだと思います。

伊藤　入賞したあとは、どのような流れで事業化へ進むのでしょうか。

林　フィジビリティステージ、シードステージ、事業化ステージといったステージごとに目安となる期間や予算を定め、必要なサポートを提供できる体制を整えています。初期フェーズでは自分の業務時間の20％を新規事業に使えます。次のフェーズでは、所属している部署を離れて社長室に異動し、事業化に向けた活動に専念できるようにしています。最終的には経営会議での承認を経て、事業化する流れです。各フェーズの基準を明確にすることで、事業化フェーズ以降に所属部署との調整で目先の業務を優先せざるを得なかったり、周囲の協力を得られずに事業化に専念できなかったりすることがないようにしています。

伊藤　社員から新規事業プランを募っている会社は少なくないと思います。でも、たいていは仕組みがあっても事業化に至らないケースがほとんどですよね。他社と何が違うのでしょうか。

羽田　マネジャー向けの社内研修プログラムのなかで、代表の井上がすべてのマネジャーに向けて話をする機会があります。そこで「マネジャーが自部門の仕事で成果を上げるのは当たり前。部下の挑戦を応援しないのはフリーライダー同然だ」という話をします。この考え方が、文化として根付いています。挑戦を止めるようなマネジャーはいませんね。あと、この仕組みを10年近く継続しているのですが、当時若手だったメンバーがマネジャーになり、自分たちがしてもらったように、若い人のチャレンジを応援しようという雰囲気が生まれてきました。ボトムアップで新しい価値を生み出していく取り組みを積み重ねてきた結果、そうした考え方が徐々に浸透したのだと思います。

伊藤　まさに一朝一夕では難しい、10年がかりで構築された企業文化なのですね。事業化に至った後は、立案した社員が事業責任を持つと伺いました。具体的には、どのような支援を受けながら経営していくのでしょうか。

羽田　新規事業がある程度のレベルに仕上がるまでは、アクセラレーターが支援しながら社内で取り組みます。その後、一定の規模に育ったら子会社化します。中期方針と年次計画をつくるほか、月次でも報告をしてもらっているので、それをモニタリングしています。事業に合った役員を派遣して、役員・監査役がモニタリングするのですが、細かな指摘や指示、命令のようなことはしません。

伊藤　すべてを事業責任者に任せるということですね。

羽田　そうです。例えば、人事制度を変えたいという話があったとしても、基本的には本人たちに任せています。「**経営者は経営者をしないと育たない**」というのが代表の井上の強い考えなので、一つの会社の経営者としてすべて自分で考えてもらいます。経営人材自身のポテンシャルを引き出したり、なんとしても会社を存続させて大きくしようという組織の生命力を高めたりするには、経営を完全に任せないと難しいと思っています。

社外の人々とも協働していく

伊藤　ボトムアップ以外のアプローチからも、さまざまな事業が生まれ、事業領域が拡がっていますよね。最近ではどのような事業に取り組まれているのでしょうか。

羽田　ワーケーションへの関心が高まるなかで、２０１９年に立ち上げたのが、「LivingAnywhere Commons（リビングエニウェアコモンズ）」というサービスです。全国の地方にある遊休不動産をリノベーションして、ワーケーションやさまざまな仕事をする人が交流する施設として活用しようという取り組みです。すでに会津磐梯《ばんだい》や伊豆下田など全国11カ所で展開していますが、今後は都心近郊にも施設をつくる予定です。

伊藤　コロナ禍の影響もあり、ワーケーションはますます注目される分野ですね。

羽田　２０２０年7月にはLIFULLが中心となって、場所に縛られない働き方を実現するプラットフォーム構想「LivingAnywhere WORK（リビングエニウェアワーク）」を立ち上げました。現在、１３０を超える団体がこの取り組みに賛同してくださっています。

今後は企業同士でオフィスを間借りしあったり、ワーケーションに加えて企業間でも人の交流をしたりといったことにも取り組んでいく予定です。ボトムアップで生まれた事業ではないので、社内で適性のありそうな社員が事業責任者に就いています。

伊藤　事業案がなくても事業統括や経営の経験が積めるのは、良い仕組みだと思います。トップダウンのアプローチで生まれた事業もありますか。

羽田　中期経営方針に基づいて、経営陣主導で推進している新規事業ももちろんあります。その一つとして、ブロックチェーン技術を活用したグローバルな不動産投資プラットフォームの構築を進めています。この事業には経営幹部クラスの人材がアサインされています。

伊藤　難易度に応じて適切な経営人材をアサインしているのですね。経営者の選定は、事業の成長に大きく影響する要因ですよね。

林　そうですね。さらに、これまで「LIFULL HOME'S」で培ってきたデータ活用の知見が、新規事業の成長に寄与する部分も大きいと思います。例えば、不動産の価格や画像データ、ユーザーが物件を検索するときのテキストデータなど、社内にはデータが数多く蓄積されています。AI技術を使ってデータを活用してきた知見を他の領域に活用することもできます。**ユーザーのニーズを的確に把握して、それにピッタリのものを提案したり意思決定を支援したりすることは、私たちが培ってきた強みの一つ**です。領域が変わっても十分に応用できるでしょう。

伊藤　日本最大級の不動産・住宅情報サイトで蓄積されたデータは、大きな強みだと思います。ボトムアップ、トップダウンのアプローチのほかにも、社外から事業案を募る取り組みもあるそうですね。

林　2019年から、「SWITCH」を外部の人や企業にも参加していただけるようにした「OPEN SWITCH」というビジネスプランコンテストを定期開催しています。いわゆるオープンイノベーション型の取り組みです。「OPEN SWITCH」は、応募してくださる方々のバックグラウンドが幅広いのも特徴です。日本にいる外国籍の留学生のほか、直近では高校生のプランが入賞を果たしました。LIFULLの経営理念に共感し興味を持ってくれた方が、新たな社会的価値の創出にチャレンジしてくれています。今後は、ユニークな視点を持った社外の人々の発案からも、新しい事業がどんどん生まれてくることを期待しています。

Chapter 3

人口減少社会における課題の最適解は？
リアル×デジタルの成長戦略

goodays ホールディングス

人口減少する未来にある新産業の可能性

未来が高確率で予測できるなら、その未来にあるビジネスチャンスをものにしようと発想するのは当然のことです。そういう意味では、中長期で社会や市場に何が起こるのかを捉えておくことは非常に重要です。

例えば人口減少の傾向は、日本においては中長期での確定トレンドです。総務省によると現在の日本の総人口は　1億2583万6000人（2020年7月1日現在）となっています。日本の総人口は2008年に約1億2808万人と過去最多を記録しましたが、その後減少傾向に転じています。

さらに、2030年には1億2000万人を下回り、その後も減少を続け2050年には9515万人となり、ついには1億人を割り込むと予測されています。

多くの既存の巨大産業にとってはダウントレンドとなりますが、逆に人口減少によって生じる問題の解決においては、新しいアップトレンドが生まれる可能性もあります。

その一つが空き家の問題です。

人口減少が進むなかで、空き家や休耕地といった利用できる土地が増え、中古不動産の活用やリノベーションなどの分野がいっそう注目を浴びてくるでしょう。今後はオフィス物件なども含めて、大規模な再開発から取り残された中小規模のビルの再生も、遊休資産の活用ということで課題になってくるはずです。

人口減少に加えて、空き家や休耕地といった土地が増加することからも、これまでとは異なった発想を取り入れていく必要があります。

日本全国の空き家率は2018年時点で13・6％※と過去最高を記録しており、年々増加しています。総務省による空き家率の定義では「居住世帯のない住宅（＝空き家）が総住宅数に占める割合（＝空き家率）」となっています。

しかも、848万9000戸ある空き家のうち、実に50％以上を賃貸用住宅が占めています。賃貸物件の活用は、大きなビジネスチャンスと言えるのです。

空き家問題を抱える不動産業界は、IT化が遅れている業界でもあります。

例えば、契約書は紙のままですし、店舗同士のやり取りにFAXが使われることも少なくありません。いまだに、紙とFAXというマテリアルな文化が残っているのです。現地現物がないと始まらないという意味でも、究極のリアル産業とも言えます。

しかしこれからは、人手不足のなか、古い住宅1軒1軒をどう扱っていくのか、全国規模で分散している不動産をどのように効率的に管理していくのかなどの問題にも目を向けていかなければなりません。IT化やデジタル化の導入は避けて通れないでしょう。

マテリアルな文化が根強く残る不動産領域では、ＩＴやデジタルに強いプレイヤーは非常に少ないのが現実です。だからこそ、そこにも大きなチャンスがあるのです。

これから紹介するgooddaysホールディングスは、デジタルやＩＴに強いプレイヤーの一つであり、業界を変えていくポテンシャルを持った企業です。その理由を説明していきます。

ちなみに同社は、成長企業にオフィスを提供する事業を２０１９年から手掛けており、成長企業を人材面で支援する私たちスローガンと親和性が高いため、２０１９年に資本業務提携を結んでいます。

※総務省「平成30年住宅・土地統計調査住宅数概数集計結果の概要」

リアル×デジタルの融合を親子で実現

まず、gooddaysホールディングスの成り立ちは、とてもユニークです。

同社は、もともと不動産仲介サービスを展開するグッドルーム株式会社と、小売や流通業者向けのＩＴシステム開発に強みを持つオープンリソース株式会社が一緒になるかたちで設立されました。そして、グッドルームとオープンリソースの社長は親子です。親子ともに起業家なのです。

「不動産とＩＴの会社が一緒になって、親子で経営をしている」というと、十中八九、親が不動産業を営んでいて、子どもがＩＴの会社を起こし、不動産のＩＴ化を支援するために一緒になったのだろうと想像すると思います。しかし面白いことに、goodaysホールディングスは逆でした。

父親の小倉博氏は、ＩＴ企業出身の起業家で、１９９７年にＩＴシステム開発の会社であるオープンリソースを創業していました。一方、息子である小倉弘之氏は外資系のコンサルティング会社などを経て、２００９年に究極のリアル産業である不動産領域で起業。大工を雇って賃貸用リノベーションの施工を手掛ける「TOMOS（トモス）」の事業と、おしゃれな賃貸物件を掲載するメディア「goodroom（グッドルーム）」の事業を展開していきます。

息子の弘之氏は次のように語ります。

「私たちはネットだけでは解決できない問題も含めて人々の暮らしの領域で価値を生み出すために、住環境や働く環境といったリアルな空間を良くしていきたいと思っています。だから、ネット×リアルのビジネスを展開してはいますが、リアルにより重きを置いています」

息子がリアルな事業から入り、父親がＩＴのプロというのは、世間のイメージの逆をいく組み合わせではないでしょうか。

グッドルームが展開するTOMOSは、デザイン性が高くシンプルなリノベーションに特徴があります。すでにお話ししたとおり、近年は人口減少で空室対策を迫られる物件オーナーも増えてきており、今後もその傾向は続くでしょう。

そのため、賃貸物件の空室対策としてリノベーションは有力な選択肢です。

昔は、使用感のある部屋を少しでもきれいに見せるために、壁紙を張り替えたり設備を取り替えたりする「リフォーム」が一般的でした。その後、デザイン性の高い部屋に大規模改修して付加価値を付ける「リノベーション」が全国に広がっていきます。ちょうどその時期に、賃貸物件オーナーからリノベーション施工を請け負うかたちで、TOMOS事業はスタートしました。

一方、goodroomは、こだわりを持った独自の視点で部屋探しができるメディアとして、人気を誇っています。もちろん不動産仲介サービスを提供することが目的ですが、リノベーション物件やデザイナーズ物件を、こだわりを持って掲載しており、**直近では物件を探すニーズがない人も「見ているだけで楽しい」と訪れる**メディアに成長しています。

TOMOSは、シンプルながらセンスのある施工と、それを「goodroom」というファンの付いたメディア上で紹介することにより、情報公開前から入居希望者が現れたり、長らく空き部屋だった部屋にすぐに入居者が決まったりするほど人気となっています。

オープンリソースは、ITのなかでもとくにリアルとネットの融合が求められる小売業・流通業向けのシステム開発に強みを持っています。決済やセキュリティにも強く、会社の基幹システムの開発や店舗端末を活用したデータ分析、クラウド環境の構築といった分野での対応力が高く評価されています。

実はこの2社が一緒になることで、シナジー効果が生まれています。

博氏いわく、オープンリソースの顧客である大手百貨店や家具ブランドの最終顧客と、goodroomのユーザー層の考え方や趣味嗜好が似ていると言うのです。今後は、その共通した層に向けて新しい暮らし方の提案をしながら、その暮らしをデジタルの力で急速に普及させていく展開が予想されます。

業界の枠を越えた「お客様視点」

リアル産業のなかには、ＩＴ化が遅れている分野があります。業界の昔からの慣習が残っていたり、既存のプレイヤーにＩＴ化を推進する人材やスキルが足りなかったりするのです。そういった分野では、実はよそ者のほうが改革を進めやすい側面があります。

すでにお話ししたとおり、不動産業界では紙やＦＡＸでのやり取りが当たり前で、昔からずっとその状態だったので、それを今あえて変えようとするプレイヤーはほとんどいません。

でも、ユーザーからすれば、「いまだに申込書を手書きしてＦＡＸで送るなんて……」と思うでしょう。そういう意味では、**まっさらな気持ちで「お客様視点」を追求できるのは、業界に染まっていないアウトサイダー**なのかもしれません。

グッドルームは、ＩＴ以外の部分でも、この「お客様視点」を大事にしてきたからこそ、多くのファンのつく事業やメディアを育てることができたと言えます。

もともとグッドルームの事業は、空き家問題に悩む大家さんの課題を解決するところからスタートしました。

「課題を解決するにはどうしたらいいか、徹底的に考えて実行していったら、必然的に今のやり方に行き着いた」と弘之氏は言います。つまり、自分たちで大工を養成するし、納得のいくクオリティのリノベーション施工もするし、入居者も探してくる。上流から下流まで一気通貫する価値提供のモデルができたのです。

このモデルの実現は、決して簡単ではありません。リフォーム事業の要は、実際に施工をする大工などの職人仕事です。一方、入居者探しは、ウェブマーケティングやコンテンツマーケティングによる集客が肝です。それらの特性はまったく違います。

これらを同じ組織のなかで、すべて手掛けられるプレイヤーはほとんどいないと言っていいでしょう。そこに同社のユニークさがあります。

ただ、上流から下流まですべてを手掛けるために、事業領域を絞っています。物件には賃貸や分譲といった区分があります。一般的なリフォーム会社であれば、リフォームのプロとして、賃貸住宅も分譲住宅も手掛けるでしょう。新築の内装デザインなども引き受けるかもしれません。せっかく獲得したリフォーム施工の知見を活かして、横展開することを考えるのです。

しかしグッドルームは、お客様視点のサービスを届けるために、分譲住宅などには手を出さず、賃貸住宅の一点突破を図ったのです。つまり、賃貸住宅ビジネスの上流から下流まで、横に展開するのではなく縦に貫くことにしたのです。

物件オーナーが求めているのは、部屋をリノベーションすることではなく、その結果として誰かに入居してもらうことです。賃貸住宅をつくるだけ、入居者を募集するだけでは、お客様の望むものの半分しか達成していないことになるからです。

このような事業展開の方法を選べたのは、事業をスタートする時点で弘之氏自身が特定の業界に染まっていなかったことが大きいでしょう。リフォーム会社が新規事業を始めようとすると、「リフォームの知見を活かせる領域はどこだ？」と考えるでしょうし、住宅情報サイト出身の人に任せると、すでにある知見を活かして物件情報を集めたポータルサイトを立ち上げようということになるかもしれません。でも、弘之氏は「お客様だったら何が欲しいか？」という発想で事業をつくっています。

その「お客様視点」は企業文化として全社で求められます。グッドルームが新卒社員を多く採用するのも、業界の常識に染まっていない人たちに、純粋な気持ちでお客様のニーズに向き合うことを期待しているからなのでしょう。

例えば、一般的な不動産の仲介業者だと、自分たちの担当物件が他の会社の物件よりも良く見えるように、部屋の写真を広角で撮って空間を広く見せたり、悪いことは明記しないようにしたりすることがあると聞きます。悪質な例では、すでに埋まってしまった物件を、問い合わせ数を稼ぐために空いているかのように見せるケースもあると言われています。実際、私も賃貸物件を探すときに、そのような仲介会社に不信感を持った経験もあります。

けれども、お客様が欲しいのはリアルな物件情報です。グッドルームは、もちろんありのままを撮影するだけでなく、悪い情報があればそれも明記します。例えば、「大きな道路が近いので音が気になるかもしれない」とか、「眺望は期待できない」といったことです。部屋探しのサービスは競合も多く、世の中にすでに定着しているものなので、お客様視点を徹底的に追求することで違いが生まれ、それが結果としてお客様に支持されるサービスになっています。

２０２０年から始めた、「ホテルパス」というホテルに住めるサービスもそうです。きっとホテル業界の人が手掛けていたら「ホテルに住む」発想自体が出てこなかったかもしれません。賃貸住宅関連サービスを手掛けているからこその発想ともいえます。

ただ大前提として、賃貸住宅サービスの会社からすると、ホテルに住むよりも賃貸物件に住んで欲しいものです。だから、賃貸物件を扱う会社のサービスとしては成り立たないと考える人が大半でしょう。

しかし、「お客様視点」を大切にすると、例えば水道光熱費込みの月額10万円でリッチなホテルに泊まれるのなら、ホテルで暮らしたい人は一定数いるはずです。グッドルームは「こういう暮らしもありだよね」とユーザーに提案するかたちで、サービスを実現しました。また、別の見方をすればコロナ禍でインバウンド需要や出張需要が消失してしまったホテル業界の課題解決にもつながっているのです。

弘之氏は、**グッドルームの強みは「業界にこだわっていないこと」**だと言います。ホテルパスにしても、旅行業界、住宅業界、不動産業界を横断した発想だと言えます。どの業界にも染まらないことが、真に「お客様視点」を実現することにつながっているのです。

シェアリングビジネスを推進するＩＴ

グッドルームとオープンリソースが融合し、gooddays ホールディングスとなって協働していくことで、新たな価値提供が可能になっています。人々の暮らしに関するリアルな課題を、デジタルによって解決していく動きが加速しているのです。

近年、急速に注目を集めているシェアリングビジネスは、gooddays ホールディングスが強みを発揮できる分野の一つです。シェアオフィス、コワーキングスペース、Co-living（コリビング）、シェアハウス……住宅や不動産に関わるシェアリングビジネスだけでも、多数あります。ちなみに、Co-livingとは、ワークスペースのあるシェアハウスのことを指します。

ＩＴ化とシェアリングビジネスは、実は関係が深いのです。「モノを必要以上に買わず、モノを持たないことで暮らしが豊かになる」と言われている今の時代、シェアリングはまさに時流を捉えたビジネスと言えます。そこにＩＴを活用することで、新しい暮らし方は私たちにとってより身近なものになるでしょう。

例えば、モノを多く持たない人に支持されている、前述のホテルパスというサービスの例を挙げましょう。サービス利用者のなかには、２週間単位で滞在先のホテルを変える人もいます。もしも、ホテルごとに契約書などのやり取りを紙ベースでしていたら、面倒なだけでなく契約が間に合わない事態にもなり得ます。しかし、オンライン化することで、手軽かつ迅速に手続きを終わらせることができます。ホテルパスは、新たなシェアリングビジネスのかたちとして私も注目しています。

ＩＴ化とシェアリングビジネスが開く未来の可能性は、他にも広がっています。

会社もどこかに本拠地を構えるのではなく、いくつかのシェアオフィスを借りて社員は好きな場所で働く、「シェアオフィスの自社オフィス化」も始まっています。gooddaysホールディングスは成長企業向けにシェアオフィスの空間を提供する「GOODOFFICE（グッドオフィス）」という事業を、２０１９年から始めています。

ほかにも、民泊できる場所を探せるAirBnB（エアビーアンドビー）などのサービスを活用して、特定の住所を持たない無拠点生活をする人も出てきています。

シェアリングの需要が増えると当然、今までのように紙や電話、ＦＡＸのやり取りでは回らなくなってくるので、ＩＴ化が進みます。

弘之氏は、次のように話します。

「モノを持たない暮らしとシェアを掛け合わせると、そこにお金の余裕が生まれ、お金の有意義な使い方は何か？　という疑問に行き着くのではないかと考えています。今後はそのようなヒントから、新たな可能性を模索していきたいと考えています」

2つの会社をホールディングス化したことで生まれるメリットのうち、もう一つ興味深いのが、自社プロダクトとクライアントワークのビジネスがうまく融合していることです。グッドルームは「TOMOS」や「goodroom」といった自社プロダクトを持つ会社であり、一方のオープンリソースは顧客の要求に高い水準で応えるクライアントワークに強みを持った会社です。

一般的には、受託開発やクライアントワークをしてきた会社が、自社プロダクトの会社になるのは難しいと言われています。ビジネスの起点やゴールなど、ビジネスを推し進めるときの発想がまったく違うからです。もともと違う文化を持った会社が融合してシナジーを生んでいるからこそ、その2つが両立できているように思います。2社が融合することで、ビジネスとしても、完全な受託開発と自社プロダクト開発の間に、プロダクトをクライアント向けに企画提案していくという間の領域も生まれるでしょう。

リアルとデジタル。自社プロダクトとクライアントワーク。まったく異なる2つの文化が融合してシナジーを生むホールディングスとなった今、衣食住といった暮らしの領域をつなぐＩＴ企業という方向性も期待されています。

Interview

大工仕事からアプリ開発までを一社で

小倉弘之（おぐら・ひろゆき）

東京大学経済学部卒業後、竹中工務店、ボストンコンサルティンググループを経て、2009年にハプティック株式会社（現・グッドルーム株式会社）を設立。部屋探しサイト・アプリ「goodroom」、オリジナルリノベーションブランド「TOMOS」を展開する。

ファンの多いメディアを持つグッドルーム。リノベーションの施工から入居者探しまで、幅広い業務を一つの組織のなかで完結させるために、どのような組織をつくったのか。意外なことにその鍵は、スキルや経験を持たない「未経験者」だった。

伊藤　大工さんを正社員として雇い、実際にリノベーションを施工するところから、部屋探しのアプリを提供して仲介するところまでを手掛ける幅の広さは、とても面白いですね。まったく違う特性の業務を同一組織でやるのは難しくありませんか。

小倉　未経験者である新卒社員が多いので、うまく実現できています。もし、リノベーションのためにリフォーム会社出身の人を中途採用し、仲介の部分は不動産仲介の経験者に任せ、部屋探しサイトやアプリづくりは大手不動産ポータル運営会社から転職した人に担当してもらうような組織をつくったら、共通のカルチャーは形成されなかったでしょうし、協力関係がスムーズに築けない組織になっていた可能性もあります。

伊藤　でも、未経験者の新卒だと、当然、知識も経験もないわけですよね。

小倉　現実問題として、新卒で入社してすぐに「マーケティングをやりたい」と言っても知識も経験もないので難しいと思います。リノベーションの提案をするにしても、いきなり数百万円の案件を扱うことはハードルが高いでしょう。ですから、入社後はまず仲介の仕事をして、**お客様と話しながらお客様のニーズを肌で感じてもらう**ことにしています。その後、センスのある人が営業に回ったり、メディア戦略を担当したりするようになります。この段階を経ることで、「お客様視点」などのカルチャーについても、全社で認識を合わせることができています。

伊藤　経験やスキルではなく、会社や事業のコンセプトに共感してくれる新卒社員を採用することで、横の連携がうまくできるように考えられているのですね。

小倉　中途入社の社員ももちろんいますが、中途でもスキルありきでは採らないようにしています。それよりも、マインドセットやセンス、事業への共感を重視しています。ベンチャー企業だと、どうしても即戦力としての業務スキルが高い人を採用したくなりがちですが、私たちはグッドルームのビジネスモデルやサービスに対して「面白い」と興味を持つ気持ちが強い人を中心に採用してきました。それが他のベンチャー企業との違いを生んでいると思います。

伊藤　「こういう人はうちに合う・合わない」という判断基準はありますか。

小倉　私たちが提供するサービスの思想や暮らしの質を上げていきたいという想いに共感しているかどうかは、すごく大事だと思っています。「成長しているベンチャー企業で、上場しているので興味があります」など、パッケージ（外側）に目線がいっている人だと難しい印象です。ただ、実は最近、会社が成長していくなかで、共感してくれる人材だけではパワー不足も感じ始めています。今後は共感がベースにありつつも、特定の領域の経験が豊富な、意欲のある人を採用していく必要もあるでしょう。

伊藤　goodroomのメディアやアプリ自体が大変人気ですが、ファンが増えるほど、働きたいという人も増えるのではないですか。

小倉　そういう側面はたしかにあります。ただ、「goodroomが好きだから」という理由だけでは、あまりうまくいかないのも事実です。実際、そういうメンバーを多く採用したこともありましたが、サービスのファンになる気持ちと事業運営側の目線との両立に苦労するケースもありました。

伊藤　サービスが好きでも、仕事で結果を出すのは難しいということでしょうか。

小倉　そうです。**サービスを使うのが好きだからといって、サービスをつくるのがうまいとは限りません。**この2つは似ているようで、まったく違います。これをわかっていない人もいます。「こういうおしゃれな部屋に住みたい」とか、「こういうおしゃれなオフィスで働きたい」との想いで仕事を始めても、実際にそれらをつくり出す側になってみると、実現までの困難があります。だから、辛さも含めてやっていく覚悟や強さがなければうまくいきません。

伊藤　好きなことでも、仕事にすると辛いと聞くことはよくあります。

小倉　ビジネスでは辛いことを乗り越える必要がありますし、辛いことを乗り越えるためには工夫もしなければなりません。そういった工夫をすること自体が楽しいと思えるような人が、結果的には活躍できるのではないでしょうか。

クライアントワークが人を育てる

水野秀次（みずの・しゅうじ）
慶應義塾大学商学部卒業後、日系損保、外資金融、ヘッドハンティング会社などを経て、2014年にオープンリソース株式会社に入社。現在はgooddaysホールディングス株式会社全体の人事と広報を担当。

小売や流通業といった分野のシステム開発を強みとするオープンリソース。グッドルームのプロダクトもオープンリソースが開発している。システム導入後の保守にも定評がある。水野氏は「クライアントワークだからこそ若手人材が育つ」と言う。

伊藤　オープンリソースが他のIT企業と違うのは、どういったところでしょうか。

水野　2つあります。1つ目は、活躍してもらうエンジニアを自社でゼロから育てているところです。オープンリソースには今、エンジニアが200名以上います。過去5年間で120人くらい採用しており、半数以上が20代です。

伊藤　若い方が多いですね。プログラミングの未経験者も多いのでしょうか。

水野　大学でITを勉強してきた人を中心に採用するということはしていないので、未経験者は多くなります。ただ、技術は会社に入ってから学んでもらえばいいと思っています。それよりも、新しいものを生み出せる人に仲間になってほしいのです。

伊藤　すでに技術力があるかどうかより、新しい発想や推進力が大事だと。

水野　これまでも文系の人をたくさん採ってきて、技術者として十分に成功している事例があるので、技術力については心配していません。逆に、技術経験のある人を追い求めて、私たちが一生懸命に採用活動をしたところで、やっぱり大手企業や注目を集める人気企業には勝てません。それならあえてレッドオーシャンで戦うよりも、もともとITには興味がなくても、「面白そうな会社だから、ここで何かに挑戦してみたい」という人を採用したいですね。それに、大学でITを学んだ人は、技術は好きでも、ビジネスが好きとは限りません。**私たちが育てたいのはビジネスを生み出せる人間**なので、間口は広くしています。

伊藤　オープンリソースの特徴の2つ目は何でしょうか。

水野　2つ目は、引き受けた仕事は自社で責任を持ってやりきることです。

伊藤　たしかにシステム開発の会社でも、受注した後に実際に開発するのは下請け企業というところも少なからずありますよね。自社の社員が最後までやりきる会社は少ないのかもしれません。

水野　開発して納品した後も、そうです。社内でよく言われるのが、「つくっておしまいではなく、つくった後の維持が最も大事」ということです。自分たちが開発したシステムが、その後どのように使われているのかを知ることが大切です。

伊藤　小売や流通といった領域のクライアントが多いので、それらの企業と長く付き合うことで業種に紐付いた知見も蓄積していくでしょう。そうすると、その業種のベストプラクティスをシステムとして提供することもできますね。

水野　そうですね。多くの開発会社は、システムの維持を外注します。あまり儲からないからです。私たちは、維持に手間暇をかけるのです。メンテナンスをしっかりすることが、結果として次の仕事につながっています。一生懸命に顧客開拓をしなくても、同じ小売業界のお客様をご紹介いただくこともあり、強固な顧客基盤を築くことができています。

伊藤　キャリアの面ではいかがでしょうか。クライアントがいるビジネスだと、自分たちがつくりたいものよりも、クライアントが望むことを実現する必要があります。私はクライアントワークだからこそ、人が育つ側面があると思っています。

水野　そういう面はあると思いますね。これから私たちがすべきことは、クライアントの代わりに考えることです。今、小売業はどこも未来に向けて変革を求められています。そういった問題に対して、「こうしましょう」と提案できる会社になりたいのです。

伊藤　クライアントのビジネスを深く理解していないと、できないことですよね。

水野　そうです。だから今、若手社員に百貨店に出向してもらい、現地でクライアントと一緒に仕事をすることで百貨店のビジネスを勉強してもらっています。ゆくゆくは、百貨店のビジネスを理解したＩＴのプロたちが、**クライアントよりも先を行く発想で、彼らのビジネスを育てていくことに貢献できるくらいの存在になる。**そういう価値を提供したいと考えています。

Shapers

第２部

事業をつくる人と組織

Chapter 4

奇跡の事業が生んだ奇跡の組織。全員がリーダーの組織ができるまで

ネットプロテクションズ

BNPLという世界的に注目されるビジネス

「今すぐ買って、支払いは後で」が可能となる、いわゆる後払いサービスが、実は世界的に伸びているサービス分野の一つになっています。海外では、Buy Now, Pay Later の頭文

字をとってＢＮＰＬとも呼ばれています。日本ではクレジットカードを当たり前に使っている人も多いため、この後払いサービスの価値を想像しにくく、「え？　クレジットカードで十分じゃない？　なんでわざわざ後払いサービスが必要なの？」という声も少なからずあるでしょう。しかし、日本も含めて、このＢＮＰＬが世界的に成長していて注目を集めているのです。

米国でＢＮＰＬが急成長している背景には、若者のクレジットカード離れが進んでいることがあります。ミレニアル世代と呼ばれる２０００年以降に成人を迎えた若年層ではその傾向が顕著で、２人に１人しかクレジットカードを持っていません。また、米国の全人口で見ても、３人に１人はクレジットカードを所持していないとも言われています。審査の厳しさが原因で、若年層を中心にクレジットカードを使えない層が世界的に増えているのです。

クレジットカードを持たない若年層を中心に、「今すぐ買って、後で払いたい」ときのオプションとして普及し、ＥＣサイトにとっては、購買意欲が高まっている顧客を逃さずに売上を伸ばす手法として、ＢＮＰＬは欠かせないものとなってきています。

米国の代表的なプレイヤーはAffirm（アファーム）です。2012年に創業されたシリコンバレーを代表するFinTech（フィンテック）スタートアップで、ユニコーンの仲間入りをしています（2020年11月、ナスダックへのIPO申請書類が開示されました）。

市場は米国だけに留まりません。欧州やオーストラリア、ニュージーランドなど、世界各地でBNPLのサービスが普及しています。

スウェーデン発のKlarna（クラーナ）は欧州で最大の未上場FinTech企業に成長しています。オーストラリア発のAfterpay（アフターペイ）も上場して、1兆5000億円近い時価総額（2020年9月現在）をつけるなど、世界的プレイヤーの躍進が目覚ましい状態です。

また、東南アジアなどの新興国では銀行口座の保有率が低く、クレジットカードの保有率が米国より低い状態の国も少なくありません。その一方でスマートフォンは普及しており、ECの利用率は高い状態です。そこでクレジットカードに代わる決済手段としてのBNPLが普及し始めています。

ＢＮＰＬが世界中の投資家から注目され、期待されている要因は、既存のクレジットカード産業に代替するポテンシャルを秘めているからでしょう。クレジットカードの再発明とも言えるインパクトがあり得るのです。

２０１０年代以降、世界の主要プレイヤーが次々と産声を上げて参入し、市場を立ち上げていきました。

誰もが無理だと言った奇跡の事業

一方、日本では、実は２００２年からネットプロテクションズが「ＮＰ後払い」というサービスによってＢＮＰＬの市場を立ち上げて、代表的なプレイヤーとなっています。かなり早いタイミングで市場に着目した先見性の高さは、目を見張るものがあります。世界的に注目が集まるＢＮＰＬプレイヤーに肩を並べられるポテンシャルを持つ日本発のFinTechベンチャーとして、私は２００８年頃からずっと注目をしてきました。

日本では最近、「〇〇ペイ」など決算アプリの競争が派手に繰り広げられて、そちらに注目が集まりがちです。しかし、世界的にも注目度の高いＢＮＰＬ市場において、圧倒的な強さで事業成長をして、さらには独自の組織カルチャーモデルをつくり上げているネットプロテクションズこそ、もっと注目されてしかるべきではないかと思います。

同社は、実際に商品が届いてから請求書で支払う形式の「NP後払い」のサービスに加え、2017年からは会員制の後払いサービス「atone（アトネ）」をスタートさせています。これはまさに、クレジットカードの再発明につながる可能性のあるサービスです。

しかし、**「後払い決済サービス」とだけ聞いても、あまりピンとこない人が多いこともあり、これまで同社のすごさは過小評価されてきた**と感じています。

今でこそBNPLはホットな市場として世界的に注目を集めていますが、ネットプロテクションズが後払い決済サービスを着想し、実際にスタートしたのは、今から20年近く前です。当時は、後払い決済というサービスは世界中のどこにも存在せず、構想を話せば誰もが無謀だ、それは絶対に無理だ、と言うようなサービスでした。

なぜなら、「支払わない人がいるはずで、代金を回収不能になる。そんなリスクの高いビジネスは成り立たない」と考える人が多かったからです。誰もやろうとしていないビジネスモデルでした。

同社は、後払いサービスの概念や必要性が理解されていないなかで、市場のパイオニアとして走ってきたのです。まさに同社がミッションとして掲げる「つぎのアタリマエをつくる」という姿勢を体現していたと言えます。

そして今では、年間ユニークユーザー1450万人と、日本国民の10人に1人以上が使う規模となり、年間トランザクション（取引）が5000万件以上の巨大なサービスへと成長しています。

誰もが無理だと諦めた奇跡の事業が、現実のものとなっています。しかし、はたから見れば奇跡のようでも、よくよくたどってみれば、その裏にはそうなることが必然だったと思えるような考え方や姿勢が見えてきます。

フィロソフィーが競合優位性を生み出す

20年近く、存在しなかった市場をパイオニアとして自ら切り拓いてきただけあって、そこには、一朝一夕には他社が追いつけない優位性があります。

競合優位性と聞くと、皆さんはどんなものをイメージするでしょうか。

技術力の高さでしょうか。たしかに、ネットプロテクションズの競合優位性の一つはテクノロジーにあります。誰がしっかり支払ってくれるかもわからない状態で、信用を付与していく与信の分野におけるテクノロジーが一つです。最近ではＡＩの活用によって、大量のデータから与信スコアを算出するテクノロジーもあります。

ネットプロテクションズには、20年近くこの分野で蓄積してきた大量のデータパターンがあります。それらをもとに磨き込まれた与信テクノロジーがあり、これは競合他社が一朝一夕に真似できない強みの一つになっています。

しかし、それだけではありません。

同時に見逃せないのが、大量の消費者や法人向けに発行される請求書や回収状況の確認・催促といった膨大なオペレーションを、効率良くミスなく構築する能力の高さです。

しかも、同社の後払いのサービスは複数のサービス形態で提供されています。BtoC通販向けの「ＮＰ後払い」、BtoCサービス向け決済の「ＮＰ後払いair」、BtoC会員制決済サービス「atone」、BtoBの「ＮＰ掛け払い」、そして台湾向けの「AFTEE（アフティー）」といった具合です。それらのサービスが、同時並行して急速に成長しています。複数のサービスから要求される、日々急増していく業務をリアルタイムに処理していくのは難度の高い仕事です。

オペレーションと聞くと、単調でルーチンなイメージがあるかもしれません。しかし、同社のオペレーション領域はそのイメージからは程遠いものです。事業開発を「ビジネスデベロップメント」と言いますが、まさに「オペレーションデベロップメント」と言えるような事業開発に近い仕事なのです。

こうした与信のテクノロジーとオペレーションディベロップメントの能力の高さが組織におけるコアバリューとなり、難しい事業を次々とかたちにしているのです。

そして、事業が立ち上がり急成長することで、さらにデータがたまり、与信テクノロジーは向上し、オペレーションは進化して、さらなる高みに至ります。**強みが自己増殖していく理想的な好循環を実現している**と言えます。

次々と事業ラインが立ち上がっても、どのサービスも急成長できているのは、事業の成長が事業を強化していく好循環をつくり上げているからだと言えるでしょう。

決済領域と言えば、大手ITプラットフォーマーがしのぎを削って競い合う決済戦争をイメージする人も多いでしょう。でもその裏側で、これまでは比較的注目されにくかった「後払い」のアプローチで、着々とポジションを築いてきたネットプロテクションズは、決済分野における真の本命になり得る存在だと私は考えています。

さて、ここまで同社の事業上の優位性を解説してきました。しかし、最強の競合優位性は、実はまったく別のところにあると私は考えています。

それは、事業や組織をつくるときにベースとなる価値観と会社のフィロソフィーが一貫していることです。

どういうことかというと、同社の経営におけるフィロソフィー（経営哲学や思想）の中心には「歪みのない関係性をつくること」があります。この考え方が事業や組織のベースとしてしっかり存在しているのです。

まずは事業について、見ていきましょう。

世の中にある金融サービスは基本的に、「あなたの年収では、ローンはこれだけですよ」と制限を付けます。しかし、ネットプロテクションズのサービスでは、支払いの意思がある人には基本的に年収がいくらだろうと、先に同じだけの信用を付与するという考え方が採用されています。

すでに存在する他社の信用情報を使うこともできたはずですが、それをせず、独自に信用情報を蓄積する道を選んでいる。そして、**自分たちが適切な信用情報を得るために、まずは信用を付与してみる**という方法を取っているのです。

これが同社の言う「歪みのない関係性」であり、誰に対してもフラットな事業のつくり方なのです。

そして、この方法を採用したからこそ、優位性も築けています。

もし他社の信用情報を使ったとすれば、他社と何ら変わらない商材が出来上がるはずです。すでに存在していた決済という領域に後発で参入するのは、うま味がなく、ただリスクだけが大きいと言えます。独自で信用情報を蓄積する選択をしたからこそ、それが独自の優位性となり、サービスがここまで成長してこられたのだと思うのです。

「社会のリーダー養成所」というコンセプト

組織もまた、そうしたフィロソフィーをもとにつくられています。その結果、にわかには信じがたい組織が実現していました。

それが、「役職がなくフラット」であり「全員がリーダー」の組織です。誰もが当事者意識を持って、所属するコミュニティである会社にコミットする姿は、まさに理想の組織です。

近年話題となっている「ティール組織」にかなり近いのですが、ティール組織を意識したわけではなく、自分たちがつくりたい会社、ありたい姿を議論していった結果、たどり着いたのだと言います。

ベンチャー企業にありがちなのは、何につけても経営トップが強く関与していて、業績がトップの力量に依存してしまう状態です。しかし、同社は真逆の状態をつくり上げています。代表取締役社長の柴田紳氏いわく、**「自分（社長）が関与せずとも、勝手に事業が立ち上がる」状態**だというのです。しかも、配属や異動を含めて、キャリアの主導権をすべて社員個人が持っているというので驚きます。

いわば、極限まで権限委譲がなされている状態です。なぜ、こんなことが可能なのでしょうか。

根底にあるフィロソフィーが事業にも組織にも通底しているという話をしましたが、組織全体にこの考え方が浸透し、共有されるようになったのは、ミッション・ビジョン・バリューを全員で考えて議論し、制定したからだと言います。

ミッションはすでにお話ししたとおり、「つぎのアタリマエをつくる」というものです。

そしてビジョンには、ミッションを実現するための7つのプロセスとして、次の項目を掲げています。

①歪みがない事業・関係性をつくる
②わくわく感を大切にする
③違いこそを組織の力に変える
④厳しく求め、支え合う
⑤みんなで会社をつくる
⑥すべてのステークホルダーと真摯に向き合う
⑦志を尊重する

徹底して議論されて言語化されたフィロソフィーを共有することで、入社してくる人たちとの間にミスマッチが起こりにくくなります。入社後も、理想的な考え方や基本的な姿勢はどういうものか、共通認識がつくりやすいのです。

とはいえ、「理想的な組織すぎて信じられない」「本当にそんな組織が存在するの？」と思う人も当然いるでしょう。それに、普通の会社で同じことを真似しようとしても、容易に失敗する気がしてなりません。

一般的には、ここまで自由に配属や異動の主導権を社員に渡していると、急成長するどころか、事業を回すことすら困難になることもあり得ます。

このようなカルチャーを実現して維持しつつ、事業も急成長させているネットプロテクションズが、他の会社と違うところはどこなのでしょうか。

その秘密の一つに、オペレーションデベロップメントの基本設計として、徹底的にオペレーションを仕組み化して効率的な体制をつくっていることがあるでしょう。

オペレーションを効率化して業務を圧縮すれば、すべての社員が事業開発の仕事に関わることができるようになります。つまり、すべての社員が企画に特化してプロジェクトベースで動く働き方なので、主体性を発揮する余地が大きい、もっと言えば、主体性を発揮せざるを得ない環境なのです。

当事者として、自分がわくわくできる志を追求しながら仕事をする。そんな人物像は、社会で必要とされるリーダー像そのものではないかと思います。

柴田氏の口からも、「ネットプロテクションズは、社会的なリーダーの養成所のような存在でありたいと思っている」という言葉が自然と出てきます。

きれいごとではなく、誰もがリーダーの組織なのです。

新卒でも入社4～5年もすれば、組織や事業の中核となるリーダーを担うことになります。例えば、会社の柱となる4つの事業のうちの一つ、「NP掛け払い」では、中心となってビジョン構築をしているのが新卒6年目の社員です。今かなり力を入れている事業「atone」のリーダーは、新卒14年目の社員ですが、「atone」でカスタマーサービスやシステム設計など、事業運営に必要な領域を推進しているのは新卒4年目や5年目の社員です。さらに、atoneに追随する新規事業計画を練っているのが新卒4年目の社員です。このように、事業の中核部分を担当したり、ビジョンの構築を担っていたりするのが、ほとんど新卒層でかつ4～5年目くらいの社員なのです。

これだけ早期から主導権をもって主体的に働けるなら、転職などで会社を離れる必要はないというのが、多くの社員の結論のようです。実際に同社の離職率はかなり低くなっています。しかしなかには、これだけ志高く働き、リーダーの経験も積んだのだから、自分で事業を起こしてみたいという人も現れます。そのため、最近では起業家人材を輩出し始めていると言います。

リーダー養成への思いは、会社の枠をも越えるようです。

新卒採用活動の一環として始めたインターンシッププログラムは大変好評のようですが、その知見を活かして最近では中学生や高校生向けのプログラムを開催しています。

「あの会社は、社会的リーダーの養成所だよね」と世間から呼ばれる日は、そう遠くないのではないでしょうか。

Interview

Hard Thingsの連続が生んだ組織のかたち

柴田 紳（しばた・しん）

株式会社ネットプロテクションズ代表取締役社長。1998年に一橋大学卒業後、日商岩井株式会社（現・双日株式会社）に入社。2001年にIT系投資会社であるITX株式会社に転職し、株式会社ネットプロテクションズの買収に従事。すぐに出向し、何もないところから、日本初のリスク保証型後払い決済サービス「NP後払い」をつくり上げる。2017年、アントレプレナー・オブ・ザ・イヤー特別賞を受賞。

周りに「無理」と言われたビジネスを実現し、世界のトレンドに先駆けて日本で着々と後払い事業をつくり上げてきたネットプロテクションズ。その道のりは平坦ではなかった。なぜ、柴田氏はこの事業を始めたのか。そして、「全員がリーダー」の組織をどのように実現してきたのか。

伊藤　最初は商社で働いていたそうですね。どのようにして、後払いの事業をスタートしたのでしょうか。

柴田　新卒で入社した商社は業務量がとにかく少なくて、毎日退屈していました。そこで3年目に投資会社に転職したのです。その会社がちょうどネットプロテクションズを買収することになり、私は取締役として同社に出向することになりました。それが26歳のときでした。

伊藤　26歳で取締役就任は、かなり若いですね。大変なこともあったでしょう。

柴田　商社のときの仕事に退屈して転職したので、仕事がしたくてたまらず、喜んで働きました。でも、買収はしたものの、**「後払いの決済サービスを立ち上げる」という構想だけがあって、実体は何もない状態だった**のです。まったくのゼロからサービスを立ち上げる必要があり、必死でしたね。

伊藤　途方に暮れてもおかしくない状況ですよね。普通のエリート社員が出向してきていたら、「何もないので、さっさと潰して撤退しましょう」と判断したかもしれない。柴田さんは泥臭く粘ったのですね。

柴田　ここで粘らないと、自分のキャリアが終わってしまうと思ったのです。でも、投資会社から転籍して社長となった後、社員から総スカンを食らい孤独な日々を過ごしたこともありました。なんとかサービスを立ち上げて、軌道に乗ってきた後も、もとの投資会社が株式を手放したために株主の変更が何度か続いて、思うように資金調達や投資ができなかったりもして……。

伊藤　柴田さんにとってのHard Things（起業家の困難を描いた、ベン・ホロウィッツ氏の著書『Hard Things』に掛けて）が続いたわけですね。

柴田　そうです。2016年にやっと、アドバンテッジパートナーズ（日本初のプライベートエクイティファンド）が、経営姿勢を理解して応援してくれるかたちで株主となり、上場を目指して投資を加速できるようになりました。

伊藤　今、世界中でBNPLに注目が集まっていますが、もし柴田さんが途中で諦めていたら、日本の市場も海外のプレイヤーに取られていたでしょうね。

柴田　そうかもしれません。

伊藤　ネットプロテクションズは、上下関係がなくフラットな組織であり、入社4〜5年目で中核を担えるようになると聞きました。多くの会社と比較してもかなり早い印象です。どのように若い人たちが中核になる組織をつくっているのでしょうか。

柴田　まず、私自身が社会人4年目で後払いの事業を生み出したので、「思考力」という観点では年齢は関係ないと思っています。また、心身のエネルギーは、20代が一番充実しています。一方で、若さがネックになる部分もあります。例えば、前提知識が不足していて、リスクがどこにあるのかを見抜くのが難しいことも一つです。だから、**リスクヘッジは私やシニアメンバー（30代以降の社員）の役割**と考えています。普段は口を出さないけれど、リスクに関しては常に見ておいて、ときを見て助言することがあります。

伊藤　若い人が活躍できるように、社長やシニアメンバーが陰から支えているのですね。

柴田　知識不足を補うために、情報の蓄積や共有といった「ナレッジマネジメント」も徹底しています。普段からSlack（スラック）というビジネスチャットツールで仕事の進捗を共有しているのはもちろん、ナレッジシェアツールのScrapbox（スクラップボックス）に、議事録や日報、ちょっと考えついたこと、研究して発見したこと、個人のキャリアに関する考えまで、何でも書いていくようにしています。今ではすさまじい量のナレッジが集積しています。誰もが会社のすべての情報にアクセスできるようにすることで、知識のギャップをつくらないようにしているのです。

伊藤　全員がなんでもかんでもScrapboxに投げ込んでいくと、情報が多いだけでうまく活用できないカオス状態になりそうですが、何か工夫があるのでしょうか。

柴田　社員はみんな「情報共有が大切」だと思っているので、カオスと感じるよりも、「どう活用しようか」という考えが先に立ちます。ブラックボックスができてしまうと自分たちが仕事しにくくなることを、年次の浅い社員も含めて全員が認識しています。自分たちも新卒のときなどに、わからないことや知りたいことをすぐに調べられるナレッジシェアの恩恵を受けてきたので、新しく入ってくる人たちのためにも、自分たちのためにも、すべての知識を残しておこうと思っているのです。

伊藤　ナレッジシェアの重要性を共通認識として持っているからこそ、維持できる仕組みなのですね。もう一つ驚いたのが、ネットプロテクションズでは自身が希望する部署で働けて、どの事業に携わるかも自ら決められると聞きました。それで組織全体としてうまくいくことが、にわかには信じがたいのですが……。

柴田　私たちはただ、希望して手を挙げているのに「そんなのダメだよ。希望は通らないよ」というコミュニケーションをしないだけです。やる気を持って希望の仕事をするのに、そこで頑張らない人はいません。

自主的にリーダーを担うこともそうです。**リーダーは権限があって偉いわけではなくて**

単なる役割ですし、むしろまわりを支える立場です。「全員がリーダー」というのも盛った話ではなく、事業の機能が複数あったら、各メンバーがそれぞれの機能のリーダーを務めるのが普通です。そうすると、3年目以降には、ほぼ確実に何かの分野でオリジナルなリーダー的役割を担う存在になっています。

伊藤　「この仕事は会社としては必要だけれども、誰も担ってくれない」ということは起こらないのですか。

柴田　そういった穴も全員で共有しているので、だいたい誰かが埋めにきますね。もし誰もやりたくないことだったら、シニアメンバーがそれを察知して引き受ける場合が多いです。

伊藤　シニアメンバーも自ら手を挙げるのですか。

柴田　そうです。ピラミッドの下にいる人ほど雑務が多く、上にいくほど華やかで面白い仕事ができるので、下にいる人は競争して上を目指すというのが一般的ですよね。うちの会社はそれがひっくり返っているイメージです。一番面白い仕事をしているのは3〜4年目くらいだと思いますよ。シニアメンバーは、若い人を支えることが当たり前の役割になっていて、そのシニアメンバーのあり方が若い人が安心してチャレンジできる環境に導いていると言えます。

伊藤　社員の評価はどうなっているのでしょうか。他の人をサポートすることが評価される仕組みでないと、うまくいかないですよね。

柴田　そうですね。360度評価を採用していて、業績の数字は見ません。周囲とコラボレーションして仕事ができているか、仕事に真摯に取り組めているか、高い経営視点を持って行動できているかなど、その人の仕事ぶりを一緒に働いている人が評価して、本人とすり合わせる仕組みになっています。例えば、売上をいくら上げたかよりも、他の人も売上を上げられる仕組みをつくった人が評価されます。

伊藤　組織づくりへの強いこだわりを感じます。ご自身が若い頃の経験が、今のような組織をつくるモチベーションになっているのでしょうか。

柴田　私自身、大企業で3年間うまくいかず、4年目で今の会社づくりを始めてなんとかやってきました。だから**環境が邪魔しなければ、成長意欲のある若い人はいくらでも躍ることができる**と思っています。私は、うちの会社に入ってきてくれた人が「なりたい自分」になることを強く応援したいと思っていますし、彼らが活躍できる環境になるように真剣に考えた結果が今の組織のかたちなのです。

伊藤　若い人に自由にやらせてみても、途中で事業がうまくいかなくなるなど、簡単に真似できる仕組みではないと思います。柴田さんが長年かけてこだわり続けたからこそ実現したのだと感じます。このユニークな組織運営の仕方を、株主がよく思わないことはないですか。

柴田　株主は数字を気にしますが、社員も入社3〜4年目になると財務的な数字も理解しながら事業に目を向けられるようになります。ボトムアップでも数字を上げにいこうとするので、その成果が株主にも伝わっています。私が関与していないからといって、数字や成果に対して緩みが出ることはありません。

伊藤　そのような経験を積んだ、主体性のある若いリーダーたちが外で活躍すれば、社会にとってもプラスですよね。

柴田　私もそれを望んでいます。会社という質の良い土壌をつくっておけば、そこにきれいな花が咲いて、花の種が風に乗って飛んでいき、社会のあらゆる場所に新しい芽が生えてくる。私はそういう土壌づくりにコミットしているのです。

Chapter 5

時代を超えて イノベーションを起こし続ける。 大企業でスタートアップのように働く方法

ソニー

元祖・日本発ベンチャーが持つ遺伝子

戦後の元祖・日本発ベンチャーといえば、やはりソニー※でしょう。

ソニーの原点は、1946年に設立された東京通信工業という従業員20名ほどの小さな

会社でした。創業者の一人である井深大氏が、会社設立の目的をこう記述しています。

「技術者がその技能を最大限に発揮することのできる『自由闊達にして愉快なる理想工場』を建設し、技術を通じて日本の文化に貢献すること」

この「自由闊達にして愉快なる理想工場」という言葉は、70年以上経った今聞いても心が躍るフレーズであることは、驚嘆に値します。

この言葉が記されているソニーの設立趣意書は、今もウェブサイトで全文を読むことができます。**読み手のベンチャー精神を揺さぶる素晴らしい内容で、のちに多くの起業家に多大な影響を与えた**ことも頷けます。

真似ではなく、他の人がやらないことをやろうというソニーに根付く考え方は、井深氏の次の言葉に端を発します。

「大きな会社と同じことをやったのでは、我々はかなわない。しかし、技術の隙間はいくらでもある。我々は大会社ではできないことをやり、技術の力でもって祖国復興に役立てよう」

その言葉どおり、ソニーは技術を活かし、実に多くのものを生み出してきました。日本初のテープレコーダーや日本初のトランジスタラジオ、トリニトロンカラーテレビ、世界初の家庭用ビデオテープレコーダーを発売。1968年にはCBS・ソニーレコード（後のソニー・ミュージックエンタテインメント）を米国CBSとの合弁で設立し、音楽事業に参入しました。

1970年には、日本企業として初めてニューヨーク証券取引所に上場しました。

1979年に携帯型ステレオカセットプレーヤー「ウォークマン」を発売した後も、その勢いは衰えることはありません。世界初のコンパクトディスクプレーヤー、世界初のポータブルCDプレーヤーの発売と続きます。

1994年にはソニー・コンピュータエンタテインメント（現・ソニー・インタラクティブエンタテインメント）が、家庭用ゲーム機「プレイステーション®」を発売します。その2年後、ソニーコミュニケーションネットワーク（現・ソニーネットワークコミュニケーションズ）がインターネット接続サービス「So-net（ソネット）」を立ち上げ、インターネット事業領域にもいち早く参入。パソコンの「VAIO（バイオ）」は、日本に先行して米国で発売を開始。1999年にはエンタテインメントロボット「AIBO（アイボ）」も発売しました。

異業種にも参入を続けています。金融分野では1979年にソニー生命の前身であるソニー・プルデンシャル生命保険を設立し、1998年には現在のソニー損害保険となるソニーインシュアランスプランニング、そして2001年にソニー銀行を設立しています。

これだけでも、ソニーがいかに新しい挑戦を続けてきたか、おわかりになるでしょう。

さらにソニーは、2000年前後のインターネットベンチャー設立にも、大きく貢献しています。例えば、**金融分野のマネックスグループ、医療分野のエムスリー、Eコマース分野のディー・エヌ・エーが設立されるときに、主要株主として関わっています。**日本のベンチャーを牽引してきたと言っても過言ではないのです。

ちなみに、現・CEOの吉田憲一郎氏は、2000年にソニーコミュニケーションネットワーク（現・ソニーネットワークコミュニケーションズ）に出向し、2005年には同社の代表取締役社長に就任しています。2013年12月にソニーに戻り、4年間CFOを務め、2018年にCEOになっています。また、2000年からはエムスリーの社外取締役も務めています。

一方、現・CFOの十時裕樹氏は、2001年にソニー銀行の設立に携わり、2002年には37歳の若さでソニー銀行の代表取締役に就任しています。2005年には、ソニーコミュニケーションネットワーク（現・ソニーネットワークコミュニケーションズ）専務、その後副社長を経て、2013年にソニーに復帰しています。十時氏もエニグモやディー・エヌ・エーなど、出資先のベンチャーの社外役員を歴任しています。

つまり、二人とも、30代後半から新領域での子会社の立ち上げに携わり、経営経験を積んだ後、のちにメガベンチャーとなる出資先の社外役員を務めているのです。

後で詳しく説明しますが、ソニーは今も多様な事業領域でチャレンジを続けています。ソニーが現在もクリエイティビティ溢れる会社であり続けられる要因は、この経営トップ2人の経歴だけを見ても十分に納得がいきます。社内ベンチャーで経験を積んだ経営層の存在が少なからず影響している、と私は考えています。

※2021年4月1日付で「ソニー株式会社」は「ソニーグループ株式会社」に商号変更予定。

テクノロジーとクリエイティビティで「人に近づく」

テクノロジーとクリエイティビティは、現在のソニーの強みでもあるようです。

ソニーは、創業時から脈々と受け継がれている「技術の力を用いて、人々の生活を豊かにしたい」という想いをもとに、２０１９年に企業としての存在意義を「Sony's Purpose & Values」として刷新しました。その内容は、「クリエイティビティとテクノロジーの力で、世界を感動で満たす」というものです。

ゲーム、音楽、映画、エレクトロニクス、半導体、金融と、多様な事業を展開してきたソニーですが、事業なら何でも良いわけではありません。**人々に感動をもたらすために、人を基軸に捉え、「人に近づく」という経営方針で事業を展開**しているのです。

一般的には、電機メーカーやテクノロジーの会社というイメージが強いので、「人に近づく」というコンセプトは意外に思えるかもしれません。

ソニーは人に近づくために、次の３つの方向性で事業を開発しています。

（1）人の心を動かす事業：クリエイターとともに感動コンテンツをつくり、ユーザーに届けるコンテンツ事業およびDirect to Consumer（顧客と直接つながる）事業。

（2）人と人を繋ぐ事業：ユーザーがコンテンツを楽しむために欠かせない機器を提供する事業。世界中の人が感動を共有するために利用しているハードウェア事業とスマートフォンのキーデバイスであるCMOS（シーモス）イメージセンサーに関する事業。

（3）人を支える事業：車載センシング技術を使って「安全」を、メディカル領域では「健康」を、金融サービスでは「安心」を提供する事業。

このように、ソニーは実に多くの事業を展開していますが、多数の事業を持つことで得られるメリットが2つあります。一つは、経営の安定性を図れること。もう一つは多様な事業経験によって価値を実現していく基盤となる人材を開発できることです。

経営を安定させる多彩な事業

2020年3月以降、外出自粛が続き、デジタルエンタテインメントの需要が世界的に増えるなか、ゲーム事業が伸びています。

解像度やデータ処理速度、3次元の立体的なサウンド、新しいコントローラーの進化などによって、従来のゲーム体験は、よりリアルな触感を楽しめるようになっています。

音楽分野についても、アーティストのマネジメントやサポートを強化して、音楽、アニメ、キャラクタービジネスなど、多様なIP（知的財産）を軸にして事業を展開しています。映画についても、幅広いジャンルの映像エンタテインメントを展開中です。

これらの事業を持つソニーとしては、ゲーム、音楽、映画と多領域にまたがるアニメでも強みを発揮できます。日本のアニメを世界中に届けることに貢献する事業にも意欲的に取り組んでいます。

人と人、人とモノを遠隔でつなぐリモートソリューションのニーズの高まりも、ソニーにとっては追い風となっています。もともと音・映像・通信のテクノロジーに強いため、撮影・編集・中継の技術を追求して、リモート体験の価値をさらに高めることができるからです。遠隔での音楽ライブなど、新しいエンタテインメントのかたちも提案できます。

もちろん、創業時から脈々と続くエレクトロニクス事業も進化を続けています。デジタル一眼レフカメラα™（Alpha™）は、フルサイズイメージセンサーを他社に先駆けて搭載するなど、ソニーの技術を生かした新しい映像体験を提供しています。世界各地でトップシェアを獲得し、プロフェッショナルから一般のフォトグラファーまで多くのユーザーから好評を博しています。

また、オリンパス社との合弁であるソニー・オリンパスメディカルソリューションズは、両社が保有する最先端のエレクトロニクス技術と医療機器の製造・開発の技術を融合し、「4K外科手術用内視鏡システム」を製品化したほか、「4K3Dビデオ技術搭載の手術用顕微鏡システム」を3社協業のもとで開発しました。ソニーとオリンパス社の先進技術との融合で、世界の医療の発展への貢献を目指す動きも見られます。

ソニーはイメージング&センシング領域において、高画質な画像を撮影するイメージング用途ではすでに世界ナンバーワンを誇っていますが、さまざまな情報を取得して活用するセンシング用途でも世界ナンバーワンを目指しています。

例えば、スマートフォンにおけるセンシング需要への対応はもちろん、モビリティ領域における衝突回避や自動運転に必要となる車載センシングにも注力しています。これはまさに、人を支える事業といえるのではないでしょうか。

とくに、世界初のＡＩ処理機能を搭載したイメージセンサー「インテリジェントビジョンセンサー」は、次世代のキーデバイスとして幅広い分野での展開が期待されています。

あらゆる事業に関わるＡＩの活用についてもSony AI(株式会社ソニーＡＩ)を設立して、世界トップレベルのＡＩリサーチャー・エンジニア集団をつくりました。

ゲームやイメージング&センシング領域やロボティクス領域だけではなく、異業種の新しい領域への展開も進んでいます。

例を挙げましょう。金融分野で言うと、ＡＩを活用した新自動車保険商品の発売などが、それにあたります。運転特性連動型自動車保険「GOOD DRIVE(グッドドライブ)」です。

これは、ソニーとソニー損害保険、ソニーネットワークコミュニケーションズの3社が共同で開発し、２０２０年3月に販売を開始した商品です。特徴は、**独自のAIアルゴリズムを使用して事故リスクの低いドライバーに保険料をキャッシュバックする仕組み**になっていることです。

もっと具体的に言うと、ＡＩアルゴリズムを搭載したスマートフォンアプリを通じて、ドライバーの運転特性データを取得し、過去の事故データとの相関から事故リスクを推定します。さらに、ドライバーにリスク低減方法を提示して、安全運転を促すこともできます。ＡＩ技術とソフトウェア技術と保険サービスに関するノウハウやデータといった多様な領域を持つソニーだからこそ実現できた好事例といえるでしょう。

意外なことに、ソニーは、次世代モビリティにも取り組んでいます。

ソニーの次世代モビリティ「VISION-S Prototype」は２０２０年1月、世界最大の電子機器の見本市であるＣＥＳ２０２０で発表されました。モビリティにおける安心・安全、快適さ、エンタテインメントを追求する取り組みとなっています。ソニーの車載向けCMOSイメージセンサーやＴｏＦセンサーなどのセンサーを33個配置し、高度な運転支援を実現しています。さらには車内でのエンタテインメントとして、各シートに内蔵されたスピーカーで没入感のある立体的な音場を実現する「360 Reality Audio」を搭載しています。

この他にも農業や医療、教育といった、ソニーにとって新しい事業領域での取り組みも始まっています。この多彩な事業群が、経営の安定性を生んでいるのです。

革新を生む人材の開発

イノベーションを起こしたいと思いながらも、実現できない大企業は数多あります。なぜソニーは大企業になった今も、これほどまでに革新的な挑戦を続けられるのでしょうか。

その秘密は、どんなときも人を軸に据えるソニーの考え方にあるようです。

前述の「設立趣意書」には、会社は「個の持つ力が最大限に発揮される場」であるべきとの考え方が示されています。この考え方は、ソニーが約50年前に世に先駆けて始めた社内募集制度にも表れていました。本人の意思を尊重し、主体的なキャリアチェンジを支援しようという試みは、当時では珍しいものでした。

現在も、M&Aや合弁で新しい事業を取り込むときや、人材を惹き付けたり開発したりするときに軸となっているのは、「Purpose & Values（以下、P&V）」です。変化していくものがある一方で、変えてはいけないものがある。それが、ソニーにとってはP&Vです。P&Vは社員から意見を募りながら、CEOの吉田氏を中心に経営陣で練り上げられ、端的な言葉に昇華されたもので、ソニーにとって重要な軸となっているのです。

Values（価値観）に掲げられているもののなかに、「多様性」があります。ソニーの価値創造を支え、強みを形成しているのは、事業と人の多様性に他なりません。そのため、多様な価値観を持った個人を会社が大事にするのは、いわば当然なのかもしれません。

実際、ソニーは社員のエンゲージメントを最重視していて、経営指標にもなっています。例えば、経営人材の育成を事業横断でおこなっていたり、タレントマネジメント会議でタレントプールへの施策を議論していたりします。

２０１４年に始まった「Sony Startup Acceleration Program（旧・Seed Acceleration Program）」は、事業アイデアを持つ社内外の人に、ソニーが持っている起業のノウハウや環境を提供するプログラムです。このプログラムでは、**あらゆる人に起業の機会を与える**ことを謳っています。

近年、テクノロジーを個人で活用できるようになった結果、クリエイティブなアイデアさえあれば誰でも起業できる時代になっています。このプログラムは、自分のアイデアを試したいと考えている社員のエンゲージメントを高める手段の一つとして、存在しているのではないでしょうか。人を中心に据えて大切にする会社の姿勢は、今も昔も変わっていないのです。

Interview

入社1年目で新規事業を立ち上げた

對馬 哲平(つしま・てっぺい)
所属:Startup Acceleration部門 Business Acceleration部 wena事業室
大学時代の専門:工学部 精密科学専攻
入社:2014年

2014年に新卒入社した對馬氏は、1年目にして新規事業を支援するプログラム「Sony Startup Acceleration Program(以下、SSAP)」の社内オーディションに合格。腕時計の美しさとスマートウォッチの便利さを両立するハイブリッド型スマートウォッチ「wena(ウェナ)」の事業を立ち上げた。

伊藤 對馬さんは、学生時代にはすでに「wena」の事業アイデアを持っていたと伺いました。どのように思いついたのですか。

對馬　もともと、私は腕時計とスマートウォッチを両方つける生活をしていました。腕時計にはアナログ時計の美しさを求めていて、スマートウォッチには便利さを求めていたので、片方を選べなかったからです。でも、二つつけていることがまわりの人にはあまり受け入れられず、一つにしたいなと思ったのがきっかけです。

伊藤　時計業界へ就職することも考えましたか。

對馬　自分のアイデアを実現しようとしたとき、さまざまな研究開発やデジタル技術の基盤が潤沢に整っている環境が適しているだろうと思いました。ソニーは当時、ウェラブルデバイスを開発していたので、「ここなら実現できる」と思って入社したのです。本当は4年くらいエンジニアとして働いて、一人前になってから事業をやりたいと考えていましたが、ちょうど入社した年にSSAPが始まりました。しかも、当時すでに競合製品が出始めていたので、今やらないと手遅れになるという感覚がありました。自分の準備が整うであろう4年後に、世の中の状態が最適かどうかはわかりません。**すべてが揃うベストな時期を待っていても、そんな機会は一生訪れないかもしれない。**そこで、新卒1年目のタイミングで応募することにしました。

伊藤　ソニーのなかで商品開発するという選択肢はなかったのですか。

對馬　事業規模と体制の相性を考えました。例えば、大企業の大きな事業の設計プロセスや生産体制はその規模に合わせて最適化されています。どんな事業もはじめは小さいスタートなので、必ずしも既存のプロセス体制が最適とは限らない。スピード感を持って進めたかったので、小さい規模から無駄なく始められるSSAPという選択肢を選びました。

伊藤　学生からすれば、リソースがたくさんある大企業のほうが新規事業を始めやすいのではないか、と思いがちです。しかし実際は、大企業のなかで新規事業に取り組むのは、難しい面もありますよね。

對馬　そうですね。就職した会社で新規事業を立ち上げたいと思っている人は、その企業が実際にどれくらい新規事業を立ち上げているのか、入社前に数字を確認したほうがいいですね。実績があるのか、本当に自分のやりたい新規事業ができそうか、よく調べるべきです。

それに、入社してからも社内リソースを使いたければ、事業化することや既存のビジネスへの貢献も考えたうえで、リソースを確保するために交渉と調整を進めていく必要があります。

伊藤　社内であっても、双方にメリットがあるかたちで進めることが大事なのですね。逆に、社内のリソースを使わないほうがいい場合もありますか。

對馬　社内外のリソースを両方検討しながら、会社と適切な距離感を保っていく必要があると思っています。距離が近くなりすぎてもいけません。例えば、既存の販路は、既存ビジネスに最適化されているので、必ずしも自分の事業や商品に合うとは限りません。大企業には既存のアセットがあるからこそ、活用の仕方次第でそれがメリットにもデメリットにもなるのです。**事業にとって最善の選択ができるように会社と適切な距離感を持つことが大事**です。

伊藤　ソニーで新規事業を立ち上げることにリスクはありますか。

對馬　リスクはないので、SSAPにも積極的に挑戦したらいいと思いますよ。ソニーには応援してくれる人がたくさんいます。少なくとも私の周りには新しいことをしようとしている人に「そんなことは考えなくていい」と言う人はいません。「それって、どんなの？」「私はこう思う」といろいろ意見をくれます。これはソニーの社風かもしれません。私もよく先輩をご飯に誘って、一緒に食べながらアドバイスをもらっていました。

「wena」事業の法務も、「応援したい」と言ってくれた人が担当してくれています。

伊藤　「wena」の事業化のとき、同期3人でチームを組まれたというのも、面白いですよね。普通は、新規事業のアイデアが採用されても、それを実現するチームは会社が決めるケースが多いかと思います。

對馬　SSAPでは新規事業の発案者が事業リーダーとなって推進していく仕組みになっています。新規事業を立ち上げるのに、「命じられたからやりました」ではなく、情熱を持って事業に取り組める者同士が集まって進めることが最善です。その一方で、異動や引き抜きは会社の制度を活用して人員の確保を進めたほうが良いケースもあります。最初は従来の業務と並行して取り組んでいても、どこかのタイミングで新規事業にリソースを割いてコミットしなければ、事業は立ち上がりません。もとの部署になるべく迷惑がかからないタイミングで新規事業に移ってもらえるように調整しました。私自身は入社1年目の早い段階から新規事業を始めたので、最初からある程度の時間を新規事業に費やすことを職場から認めてもらえました。1年目で始めて、逆に良かったのかもしれません。

伊藤　今後の事業やご自身のキャリアについてはどうしていきたいですか。

對馬　事業としては、時計かスマートウォッチかの2択ではなく、時計メーカーと組んで第3の選択肢を提案していくつもりです。自分のキャリアに関しては、35歳くらいまでは自分の事業に取り組み、その後は他のことにも挑戦してみたいと思っています。一度、社長になってみたいですね。

自動車メーカーから自動運転システム開発へ

小路　拓也（しょうじ・たくや）
所属：AIロボティクスビジネスグループ VISION-S推進室
大学時代の専門：理工学研究科・機械制御システム専攻
入社：2019年

次世代モビリティ「VISION-S」の自動運転システムを開発する小路氏は、もとは自動車メーカーのエンジニアだった。モビリティ業界が変革期にある今、自身の興味をより追求すべく、ソニーに転職。走行試験を前に、プロトタイプの開発に励んでいる。

伊藤　なぜ今、ソニーが次世代モビリティへの貢献に取り組むのでしょうか。

小路　今、モビリティ業界は100年に一度の変革期と言われています。そのような大事なときに、ソニーの技術がどのようにモビリティの進化に貢献できるのかを試してみたかったからです。そう考えたときに、**個々の技術を提供して貢献するよりも、完成車として走行させることが最も説得力を持ってソニーの貢献を示せる**と考え、「VISION-S」のプロジェクトが生まれました。ソニーが持つイメージセンサーやAI、クラウドなどの技術をつなぎ合わせて結集すれば、次の10年のメガトレンドにアプローチできると考えています。

伊藤　自動車メーカーから転職された小路さんが、ソニーに期待することは何ですか。

小路　ソニーはものづくりの企業でありながら、ハードもソフトも持ち、それらをつなぐITやクラウドにも強く、なおかつそれらを事業化できている稀有な企業です。私は自動車そのものよりも、モビリティ業界の変革期に人々の移動体験がどう変わるのかに興味が移り、その興味を追求できる場がソニーにはあると感じて転職を決めました。

伊藤 人の命を預かるという意味で、自動車メーカーと違いはありますか。

小路 あります。例えば、スマホが急に再起動しても命には関わりませんが、走行中の自動車が高速道路上で再起動したら危険です。だから自動車メーカーは、故障するときも安全に正しく故障するような技術を積みあげています。そのような技術はソニーが学ぶべきところです。そのうえで、ソニーの技術を用いて安全性をさらに高めることもできると思っています。例えば、今まで発見できなかった故障が、車同士がつながることで発見できるといったことが考えられます。

伊藤 技術者の働き方やキャリアも、かなり違うのではないでしょうか。

小路 何か問題が起きたときに、分析したり判断したりするという意味では、あまり変わりません。ただ、たしかに違う部分もあります。前職では、車の走行性能や乗り心地の向上に寄与する制御を開発していました。ソニーでは、個々の車がどうというより、コネクティビティを持った車がどうつながっていくのか、人々の移動体験をどう変えていくのか、ユーザー体験を軸に開発しています。前職の技術や経験が活きることもあれば、活きないこともあります。どちらがすごいわけでもなく、ただ軸が違うのです。これから就職する人は、どの軸の仕事がしたいのか明確にして会社を選ぶべきでしょう。

伊藤　社風もかなり違いそうですね。驚いたことはありますか。

小路　担当者が小さなアイデアをたくさん出すと、それが上に行くにつれどんどん大きなアイデアになって、組織のビジョンになることです。いわゆる、ボトムアップ型ですね。組み間違えると大外れしてしまうのですが、ソニーらしいと思います。

伊藤　かなり活発に意見を交わされるそうですね。他の企業だと、ディスカッションが予定調和的なこともありますよね。これを言うと振り出しに戻るから言わないとか、ひっくり返る意見は出さないとか、空気を読んでしまったりして。

小路　いつまでに何をアウトプットするのかが決まっていると、それに逆らいにくいのかもしれません。ソニーではむしろ、自ら流れを生み出すことが求められているように思います。次々に意見が出るので終わらない（笑）。マネジメント層も刺激ある内容を求めているような気がします。一般的に、成熟した組織はプロセスが明確で、自分の想いやこだわりを反映できる範囲が限られています。そうすると、**各部品はしっかりしているけれど、組み合わせたときにシナジーが起こりにくい**のではないかと思います。そういった意味では、ソニーは良い意味で成熟していないとも言えるかもしれません。

伊藤　「VISION-S」と小路さんの今後のビジョンを教えてください。

小路　2020年度内にプロトタイプを公道で走らせる走行試験を実現させることを目指しています。搭載されている技術を発展させることはもちろん、実際に車が走り始めると出てくる技術もあるので、社内外で連携してモビリティのエコシステムをつくっていきたいですね。私たちのフィールドも広がっていくでしょう。

私個人としては、一つの技術に固執することなく、新しい技術を次々と吸収していくつもりです。自分自身のコアとなる専門性を磨きながら専門外の分野についても幅広い視点で知見を広め、組織をリードできるマネジャーへと成長していきたいと考えています。

入社1年目から商品企画として奮闘

塩月 拓馬（しおつき・たくま）
所属：ソニーホームエンタテインメント&サウンドプロダクツ株式会社
（2021年1月現在）
TV事業部 商品企画部
大学時代の専門：経済学部 サービスデザイン専攻
入社：2015年

大学時代には、ユーザーインタビューをもとにサービスをデザインするフレームワークを研究していた塩月氏。商品やサービスを自分でつくる経験がしたくて、新卒で選んだフィールドがソニーだった。入社後はテレビの商品開発に携わってきた。

伊藤　入社1年目から商品企画をされているとか。どのようなお仕事なのでしょうか。

塩月　私は入社以来、テレビの商品企画に携わってきました。今やテレビは、テレビ番組を視聴できる以上の価値を求められています。インターネットにつながるだけでなく、AIスピーカーを組み込んでお客様の普段の生活を快適にすることなどを考えてきました。最近では既存のテレビではなく、ソニーの技術を活かした商品で新たな市場を開拓しようとしています。

商品企画の仕事の肝は、いろいろな人と話すことです。マーケティング担当と話して、今お客様がどのようなことを考えているのかを知る。エンジニアに自分の意見を伝えながら、相手のことも理解して一緒に商品をつくり上げていく。社内外の人たちに「この技術は平たく言うと、こういうものです」とエンジニアの言葉を翻訳して伝える。これらすべてが商品企画の重要な仕事です。**商品企画には多様な人がいたほうがいいと思いますが、コミュニケーションを通して他の人と良い関係を築ける能力は共通して必要**です。

伊藤　メーカーは技術者が強いイメージがありますが、技術者の意見に従って商品をつくっていくこともあるのでしょうか。

塩月　技術ドリブンになりすぎないために、商品企画がいます。技術を理解したうえで、市場が何を求めているのかを考え、そこから外れないようにすることが私たちの役割です。技術者とぶつかることはありますが、定量的な調査活動をして「お客様はこれを求めている」と提示しながら、最終的にはお互いに納得できるかたちで商品化していきます。ソニーの技術者は豊富なアイデアを持っていて、製品がお客様の手に渡っていくところまでしっかり考えている方が多いと感じます。それでも、お客様の要望とズレそうなときは、話し合いながら軌道修正しなければいけません。

伊藤　他の会社だと、営業を何年か経験しないと企画に異動できないところが多いと思います。新卒1年目で商品企画に行けることについては、どう考えていますか。

塩月　たしかに、営業の仕事を通して先に市場を知ってから商品企画に取り組むのは、合理的なアプローチだと思います。ソニーではいきなり1年目から商品企画に入れますが、私も最初は営業のことも技術のこともわからずに苦労しました。ですが、営業から商品企画に異動したとしても、最初は苦労します。企画がしたいなら、最初から企画で苦労したほうがいいのではないでしょうか。最初の数カ月は間違いなく大変ですが、逆に言えば、**市場や技術の情報が一気に入ってくるので、急速に成長できます**。私の場合は、最初から商品企画を目指していたので、入社後すぐに入れて良かったと思っています。

伊藤　今後はどのようなキャリアを積んでいきたいですか。

塩月　商品企画として力を付けるために、海外赴任をしてみたいですね。私は今アメリカの地域担当をしているのですが、実際にその地域でのマーケティングに携わることで、市場をより深く理解できます。

また、社外とパートナーシップを結び、新たな価値を生み出すスキルも身に付けたいと考えています。例えば、テレビはGoogleやNetflixと組むことで、より使いやすいテレビに進化しています。社内外のアセットを組み合わせて、ソニー単体ではできないアプローチで価値を創造していくスキルは、自分が将来ビジネスをつくる立場になったときにも必要になります。お客様に感動を提供し、新しい文化をつくっていけるようなキャリアを積みたいと考えています。

Chapter 6

小さなチームで大きな仕事をする。小企業だからこそできるイノベーション

リンクエッジ

たった20人のチームで60億円を生み出す

今回は、小さなチームで大きな仕事をしている会社に着目します。
ベンチャーやスタートアップは、リソースが限られていることが大半です。特に人材リ

ソースに困っている会社は少なくありません。そのような制約のある条件の下でも成長している企業は、注目に値します。物理的なリソースの不足を上手に解消できているとしたら、その裏には何かしらのイノベーションが潜んでいる可能性があるからです。

注目したのは、アフィリエイトサービスプロバイダー（以下、ＡＳＰ）を展開するリンクエッジです。同社は20名規模で売上60億円超のビジネスを展開する会社です。一人あたりの売上に換算すると、約3億円になります。リンクエッジは未上場企業ですが、上場企業だとするとトップ50に入る水準です。まさに、小さなチームで大きな仕事をしているといえるでしょう。

なぜ、そんなことが可能なのでしょうか。

それには、インターネットビジネスならではの特徴があります。労働集約型ではなく、ソフトウェアを中心とする知的資産が稼ぎ出す部分が大きいという点です。また、インターネットビジネスのなかでも、とりわけ仕組みを構築することで大きな利益を生みやすいプラットフォームビジネスであることも大きいでしょう。

リンクエッジの取り組みについて話す前に、ＡＳＰの仕組みに関わるアフィリエイト広告についても触れておきましょう。

アフィリエイト広告とは、いわゆる成果報酬型広告のことです。ビジネスにおける歴史は比較的古く、インターネットビジネスの登場（１９９０年代後半）とともに現れています。したがって、特に真新しい産業というわけではありませんが、実は長期トレンドのなかでずっと伸び続けている領域で、今も拡大しています。

広告業界における長期的なトレンドも、おさらいしておきましょう。

まず長期的な流れとしては、テレビ広告・新聞広告といったマス広告からインターネット広告へのシフトがずっと続いています。そして、旧来型の大型のメディア中心から個人中心のメディア（ブログやInstagram、YouTubeなど）へと中心が移ってきています。

そうした**個人中心のメディアはここ20年で徐々に台頭してきており、必然的に個人中心メディアを収益化するための手法としての成果報酬型広告も伸びてきています。**広告を出稿する企業側にとっても、成果連動の広告費には投資しやすいため、固定の広告費から成果連動の広告へと予算配分が徐々にシフトしているのです。

このように、個人中心のメディアの台頭とそれに呼応した成果報酬型広告の伸びという長期トンレドのなかで、成果報酬型広告は伝統的な大企業などの広告主にとっても無視できない存在となってきたのです。それどころか、主力の集客・広告チャネルとして期待するようになってきています。

さらに、2020年に入ってからのコロナ禍によるニューノーマル（新しい生活様式）の加速も追い風です。

特に、リモートワークや在宅ワークの普及、ジョブ型雇用への移行、副業あるいはセカンドキャリアへの取り組みの拡大は、いずれもプラスに働いています。これらのトレンドによって、個人中心メディアの普及やその収益化の流れが顕著になってきているのです。巣ごもり消費などを含めたインターネット上の消費の拡大と相まって、アフィリエイト広告は今後さらに拡大していく見込みです。

すでに述べたとおり、アフィリエイトはネットビジネス黎明期からすでに存在しているビジネスモデルです。

そのためＡＳＰは、大手も含めて競合が多数乱立するビジネス領域になっています。上場企業だけでも、バリューコマース、ファンコミュニケーションズ、アドウェイズ、インタースペース、レントラックスなどが存在します。

それなのに、リンクエッジはどのように少人数のチームで存在感を発揮しているのでしょうか。

競合に勝つための戦略

ＡＳＰはプラットフォームビジネスです。広告主とメディアをつなぐ、いわゆるツーサイドプラットフォームであり、双方の参加者が取引に満足することが大切です。

そのため、広告主、メディアともに参加者の質が重要となります。すなわち、良質な商材を持つ広告主をいかに集めるかと同時に、良質なアフィリエイター・メディアをいかに集めるかも重要なポイントになります。

このチキンエッグな関係（鶏が先か卵が先かという問題）において、いかにリンクエッジは良質なプラットフォームとして成長し続けているのでしょうか。

ここでは、リンクエッジが提供するアフィリエイトサービス「Link-A」が、いかにして優位性を築いてきたのかについて紹介したいと思います。

その秘密は、次の3点に集約されるでしょう。

すなわち、①アフィリエイター優先であること、②支払いまでの期間が短いこと、③新規性の高い商材を扱うことの3つです。

まず1つ目ですが、アフィリエイター優先であることで、他社のASPと比較して良質なアフィリエイターに選ばれるサービスになっています。少ない社員数で無駄を省いて効率的に運営し、アフィリエイターに対する広告収益の還元率を高く設定しているのです。その方法論は後で詳しくお話しします。

2つ目に、アフィリエイターへの支払いまでの期間を最短化していることも、競合優勢性を築く要因となっています。支払いサイクルをどこよりも早くすることで、アフィリエイターの収益化を支援しているのです。

実は、アフィリエイターは自分のメディアの収益を拡大するために、リスティング広告などに投資していることが少なくありません。したがって、成果が出たらすぐにリンクエッジがアフィリエイターへ広告収益を支払うことで、アフィリエイターは広告への投資を継続しやすくなり、より収益を上げられるのです。

通常のASPでは、成果承認の60日後に支払われるケースが多いですが、リンクエッジは最短翌日に支払いが完了します。

また、アフィリエイターの方々は個人の場合が多く、事業資金を銀行から借入することが難しい事情があります。リンクエッジはその点に着目し、アフィリエイターのファイナンスも支援しています。

リンクエッジが最短で成果報酬を支払うことで、アフィリエイターに最大の成果をもたらせるのです。そうすれば、広告主にとっても広告効果が増大し、プラットフォームであるリンクエッジの収益も増える。好循環を生み出せるというわけです。

3つ目として、新規性の高い商材を扱っていることが挙げられます。

「伸びる商材×伸びるメディア＝急拡大のプラットフォーム」という公式が成り立つはずなので、伸びる商材を見極めて、いち早くプラットフォームに取り込むことが重要です。

そういう意味では、広告主に対する企画提案力の高さも、リンクエッジが成長・拡大してきた要因の一つと言えるでしょう。これから社会で必要とされる、伸びる商品・サービスをいち早く見つけ、売り方、マーケティングの仕方など、総合的に広告主に提案できるところが、他社にはないリンクエッジの強みでもあります。

扱う商材に関しても、洗練されています。

クレジットカードや通信回線といった、他の大手企業が取り扱う伝統的なアフィリエイト商材には手を出さず、今後伸びていくであろう分野に注力しています。

新しい商材を広告主に売り方から提案することで、次々と新規領域を開拓していったのです。

具体的には、VOD（ビデオオンデマンド）サービスや、オンライン英会話、通販、マッチングアプリ、不動産見積もりといった領域です。これまでアフィリエイトの世界では扱われていなかった商材を積極的に開拓しています。

他の競合がやっていないことに特化すると、アフィリエイターにとってもメリットが生まれます。新規性が高く、成約しやすい商材を扱えることが、結果的にアフィリエイターの収益を伸ばすことになり、喜ばれているのです。

リンクエッジはその審美眼で、伸びる良質な商材と伸びる良質なメディア・アフィリエイターを見極めています。そして、それらをプラットフォームでつなぐことで、競合優位性を構築しているのです。

このような戦略は、少数精鋭の質で勝負しながら価値の増幅装置としてのプラットフォームを持つリンクエッジならでは、と言えるのではないでしょうか。

生産性はもっと上げられる

少人数で大きな仕事をするには、少人数で事業を回せる仕組みがなければなりません。純粋に個々の能力だけに頼っていては難しいはずです。

そもそも、代表取締役の川合孝治氏は「少人数なのは、たまたま」だと言います。当初から少数精鋭を目的としていたわけではありません。生産性や効率を追求した結果、少数精鋭の組織になったのです。

前職時代から、生産性や効率をもっと上げられるのではないかと、いつも強く思っていたと川合氏は話します。

「営業活動一つとってみても、売上につながらないことをやっている時間が長かったり、案件規模が大きくならない領域に時間を使いすぎていたり、無駄がある可能性があります。これらの無駄を排除すれば、もっと効率を上げられるはずだと、ずっと考えていました。そこで、その仮説を検証してみようと思い、創業メンバーの安田とともに起業したのです。検証してみると、起業前に考えた仮説どおりでした」

自分たちが無駄だと思ったことを一つもやらずに事業を組み立てたら、効率の良い組織ができた。それが今のリンクエッジの姿なのです。それから社員を少しずつ増やしてはいるものの、根本にある生産性を追求する姿勢は変わりません。

とはいえ、「言うは易し行うは難し」でしょう。

いざ本当に、少人数で事業を回そうとすれば、大変なこともあるはずです。つい、人を増やしたくなることもあるのではないでしょうか。

しかし、川合氏は安易に人を増やすことはしないと話します。

「一人の優秀な将軍が率いる兵隊10人の組織だと、売上が上がらなくなったときに将軍の負担が大きくなって耐えきれません。変化に弱い組織になってしまうのです。私たちは、優秀な人材を採用して、変化に直面しても頭を使って柔軟に対応できる組織にしたいと考えています」

急拡大するベンチャーで組織崩壊が起きることはよくあります。その原因の一つは、創業者のような力のある将軍に頼りっきりになってしまうことです。一人ひとりが考えない組織になってしまった結果、変化に対応できなくなるのです。人手が必要だからといって、無闇に人を増やすのは、逆に組織を弱めることになりかねないのです。

リンクエッジでは、外部環境が大きく変わっても、一人ひとりが考えて柔軟に対応できる組織を目指しています。変化が激しい時代には、必要な着眼点と言えるでしょう。

成果を最大化する仕組み

優秀な人を採用し、自分で考えて仕事をしてもらうこと以外に、仕組みの面ではどのような工夫をしてきたのでしょうか。

リンクエッジは、アフィリエイター・ファーストの姿勢で成長してきた会社だけあって、アフィリエイターの成果を最大化する仕組みづくりに注力してきました。

例えば、商材に関しては、常に旬の（成果の上がりやすい）上位2割の商材分野に人を介入させ、対応を手厚くしています。残りの8割は、できる限りシステムで自動化して対応する工夫をしています。

パレートの法則で言うところの、全体の8割の収益貢献をする2割の注力分野にコストを集中させるのです。そうすれば、最小人数の体制で最大の成果を出す仕組みができます。

また、注力分野を決定するときも属人的にせず、営業会議を開いて全社方針として戦略的に選定します。そうすることで、営業担当者の経験値に左右されず、それぞれのメンバーのパフォーマンスを最大化できるというわけです。

アフィリエイターにも社員にも、成果の出やすい活動だけに集中してもらう。それこそ、無駄な努力を排除して、組織として最大成果を挙げる秘訣なのでしょう。

成果に直結しない活動をしないためには、ツールやテクノロジーを効果的に活用していくことが欠かせません。創業メンバーの川合氏や安田氏は、最先端のテクノロジーにも関心が高く、良さそうだと思ったものは積極的に試します。

例えば、生産性や作業効率を高める可能性のある新しいシステムやITツールが登場したら、すぐに導入を検討します。業務を効率化するアイデアが、現場や社外から提案されたときも同じです。

しかし、何が何でも新しいものを試すわけではありません。1の作業に取り組むと10の成果が返ってくるような、レバレッジが効くものを意識して取り入れる方針です。

意外にも、人助けをすることも効率化につながると川合氏は言います。

「人助けをしておくと、次はその人が自分を助けてくれるようになります。人間関係はギブ・アンド・テイクで築くものです。自分に余裕があるときに、普段から周りの人たちにギブしておくことで信頼関係ができます。特に私は、ギブを返してくれる人にギブするように意識してきました。テイクばかりの人とは距離を置いています」

ギブしてくれる人だけが周りにいれば、自分がやらなくても周りの人が助けてくれて、効率化が図れるわけです。

生産性を考えれば、自分が苦手なことはそれを得意とする他の人に任せたほうがいいのは明らかです。一般的に、苦手なことに取り組むと時間がかかります。苦手なことも無理して自分でやろうとする人が多い組織は、時間も労力も余計にかかり、組織全体のパフォーマンスを下げてしまいます。一人ひとりが得意な領域で能力を発揮したほうが成果は上がるのです。

このように、どうしたら無駄を排除できるかを純粋に追求し、迅速に実現させているところに、リンクエッジの強さがあります。

総合商社やメガバンク、小売大手といった大企業からリンクエッジへ転職してきた社員たちが一様に驚くことは、組織としての意思決定と実行の速さだといいます。

それこそ、決めたことをその日のうちに実行したり、朝やっていたやり方を夕方には変えてしまうこともあるそう。このスピード感は、無駄を徹底して排除するカルチャーを持つ少数精鋭の組織ならではと言えるでしょう。

データとシステムを活かした成長戦略

少数精鋭でASP事業に取り組んできたリンクエッジですが、今後どのような事業展開を考えているのでしょうか。

川合氏は次のように語ります。

「ASPの事業をすることで、何がどう売れるのかに関するデータや、システムのノウハウが蓄積しています。これからは、それらを活かして周辺事業を立ち上げ、プラットフォームを強化していきたいと考えています」

たしかに、アフィリエイトのプラットフォームを運営していることで得られるデータは、どんなものがいくらで売れるのか、どんな売れ方をしているのかがわかる貴重なデータです。

これらのデータを活用すれば、あらゆる業界の企業と商品開発から一緒に取り組むことができます。また、将来的に売れる可能性のあるプロダクトやサービスをデータから予測し、それらを持つスタートアップに出資することも考えられます。そのときは、ASPとしてマーケティングから伸ばすところまでを支援して収益を上げてもらい、長期的に投資を回収していくモデルを構築することもできるでしょう。

別の言い方をすれば、こういうことです。**これまでは、アフィリエイト広告を使って「売る」部分を支援してきた。しかし、その事業で得たデータを活用することで、顧客のバリューチェーンの上流にある「つくる」部分でも顧客に価値を提供できる**ようになる。つまり、成長の余地が多分にあるということなのです。

このシナリオを可能にするには、「こうしたら売れる」というデータやノウハウの蓄積があってこそ。そう考えると、日本に限らず海外でも日本の事例やノウハウが活かせるところもあるはずなので、おのずと海外展開も視野に入ってきます。

もう一つ、リンクエッジの強みを支えるものに、システムがあります。

もともと、システムは社外に開発を依頼して調達していました。しかし、アフィリエイターの成果を最大化するには、きめ細かな対応が必要なので、柔軟にシステムを進化させていかなければ立ち行きません。そうした難しい開発をしたい場合、外注先をコントロールするのは、多大な苦労を伴うのが常です。

そこで、リンクエッジはシステムを社外に発注して苦労をしてきた経験から、システムの内製化を進めました。内製化することで、かゆいところに手が届くシステムになり、それが大きな強みの一つになっています。

というのも、この内製化したシステムを外部に売っているのです。

アマゾンウェブサービス（AWS）は、AmazonがEC事業を展開していくために構築したサーバインフラのオペレーションとシステムを、クラウドサービスとして社外の事業者に提供するものです。

それと同じで、リンクエッジも自社のために構築したASPのシステムを、他社に販売するビジネスを開始しています。図らずも、プラットフォームビジネスの巨人であるAmazonと同じ事業展開を実現しているのです。

アマゾンウェブサービスは今や世界最大のITソリューション事業の一つに成長していますが、もとは自分たちの事業に必要なシステムを開発したに過ぎません。現場が本当に欲しいものをつくっているので、システムソリューションを本業としている企業がつくるシステムよりも、かゆいところに手が届く仕様になっていることは想像に難くありません。

事業展開に関して、川合氏は次のように語ります。

「事業をやっていれば無限に強みが出てくる。それが次の商売につながる」

リンクエッジの事業展開は、まさにそのとおりだなと思わせるものです。

自分たちが事業に本気で取り組めば取り組むほど、そこで生まれるノウハウやシステムは、業界のベストプラクティスとも呼べるものに磨き上げられていきます。それを社外に提供すれば、**事業の成功が次の事業を呼び込む**ことになります。

社員数の少ないリンクエッジが事業を増やすべきなのか、という疑問もあるかもしれません。

しかし、複数の事業を展開することで、単一事業の会社では採れない多様な戦略が採れるようになります。例えば、ある事業で利益を出せていれば、別の事業で採算を度外視して挑戦することもできます。そうした柔軟な戦略を採れるようにするためにも、複数の事業を展開していく必要があります。

分断された新規事業をやみくもに抱えるのではなく、シナジーがある複数の事業を集合させることで大きく成長していくという、したたかな戦略がそこにはあるのです。

原点に戻れば、リンクエッジは無駄を排除し、効率化を徹底した結果として少数精鋭なだけで、大きくなることを拒んでいるわけではありません。ましてや、小さくあり続けることをアイデンティティとしているわけでもないでしょう。

アフィリエイトに特化していると聞くと、フィールドが狭いと感じる人もいるかもしれません。しかし、抽象度を上げて考えれば、広がりのあるフィールドであることがわかります。アフィリエイトという領域を、個人と法人のどちらも豊かになれる新しい流通のかたちだと捉えれば、大きな広がりのある領域とも言えるからです。

アフィリエイトの領域で次々といくつもの事業を展開していった先に、何があるのか。

川合氏は次のように語ります。

「個人や法人は関係なく、商売を始めるときに、大きな投資をしなくても急成長できる仕組みを提供したい」

川合氏には、将来やるべきことがすでに見えています。

個人や小さな組織が成長できるプラットフォームとなる。それがリンクエッジの目指すところです。ここで言う個人とはアフィリエイターのことであり、売れる商品を考える個人のことであり、リンクエッジで働く個人のことでもあります。

「個人の成長」というコンセプトが、事業と組織と両面で埋め込まれた会社が成長しないわけはありません。リンクエッジのこれからの成長も、約束されたもののように思うのです。

Interview

「大きな仕事をする」とは、どういうことか

安田 敦（やすだ・あつし）
リンクエッジ専務取締役。2008年より、ngi group株式会社（現・ユナイテッド株式会社）にてネット広告営業に従事し、新卒2年目でチームマネージャーに就任。2011年、代表とともに株式会社リンクエッジを創業。

新屋 知樹（しんや・ともき）
リンクエッジ コーポレートチーム所属。2020年、京都大学大学院を卒業後に新卒で入社。コーポレートチームにて営業事務、カスタマーサポート、インサイドセールス、システムなど多岐にわたる業務に加え、インターンの育成や指導も担う。

いずれベンチャーやスタートアップで働くとしても、新卒時には小さなベンチャーよりも大手企業に就職したほうがいい。このような固定観念を持っている学生が少なくない。本当にそうだろうか。京大院卒の新屋氏が選んだのは、20人規模のリンクエッジだった。

伊藤　新卒で小規模なベンチャーに就職することを、どのようにお考えでしょうか。

新屋　大手企業やメガベンチャーのほうがいいという考えは、私にはピンと来ませんでした。大手企業やメガベンチャーだって、昔は小規模なベンチャーだったはずです。今、メガベンチャーなどで中核を担っている人のなかには、会社がまだ小さい頃に入社した人も少なくないでしょう。そう考えると、会社にとって必要な人材像は、実はあまり変わらないのではないかと思います。それなら、任される範囲が広く、大きな裁量を持って自由に働ける小さい会社のほうがいいと考えていました。

安田　新屋は、変化に対してポジティブです。小さい会社のほうが大手企業やメガベンチャーより変化が多いのは間違いありません。変化に適応しようともがくことで、成長できます。大変ではありますが、**変化を楽しめる人は小さいベンチャーのほうが面白い**はずですよ。

私は上場後の会社に新卒で入りましたが、古株の社員がすごく楽しそうに創業時代の話をするのを羨ましく思っていました。いざ起業してみると大変なことが多いですが、カオスな状況を経験したことも、後になって絶対に楽しい思い出として語れるはずだと思っています。

伊藤 私も昔の苦労は今、笑い話になっています。大企業やメガベンチャーは選択肢でないにしても、リンクエッジを選んだのはなぜでしょうか。

新屋 私はもともと、教員になりたいと思っていました。でも、大学を出てすぐに教員になるよりは、一度社会に出てビジネスを経験して、その経験を教育の世界に還元したいと考えました。できるだけ若いうちにビジネスに幅広く関わることができ、なおかつ幅広い業界を知ることができる会社を探していて、リンクエッジと出会いました。アフィリエイトビジネスは、さまざまな商材を扱うので、広い社会を知ることができますから。実は、リンクエッジで働いている今も、いずれは教員になりたいと思っています。

伊藤 それは言っても大丈夫なんですか？（笑）

安田 大丈夫ですよ、会社としても応援していますから。私も1社目を選んだとき、そこで10年、20年も働くつもりはなく、当時の会社の社長にも「起業しますが、3年間は馬車馬のように働きます」と言って採用してもらったんです。

今、採用する立場になって思うのは、目標が明確な人のほうがいいということです。目標があったほうが会社としても機会を与えやすく、何より本人が目標に向かって頑張るので成長も早いでしょう。会社の外に出ても活躍すると思います。リンクエッジを卒業した人が他の業界で活躍することは、会社としても歓迎です。

新屋 「教員になりたい」という夢を理解して応援してくれたのも、リンクエッジに入社を決めた大きな理由です。入社前から感じていたのは、社員の皆さんがすごく気にかけてくれていて、親身に相談に乗ってくれる人が多いことでした。小さい会社だからこそ、ほぼすべての人と一緒に仕事をすることになるので、人の雰囲気が合うかどうかはとても重要でした。

また、アフィリエイトというビジネスは、アフィリエイターの皆さんが売上を上げられるように貢献するほど、自分たちの利益も上がる仕組みです。アフィリエイターと広告主をつなぎ、新しいものが世の中に広まっていく仕組みを提供する仕事なので、ビジネスの基本や社会における商流を理解できることも魅力でした。

伊藤 リンクエッジは、少数精鋭なので強者ぞろいですよね。新卒で入社して、苦労はありませんか。

新屋　やりがいにつながっている部分も大きいのですが、強いて言えば責任が大きいことでしょうか。今は管理部で、会社の管理体制やシステムの強化、組織に関するさまざまな改革や改善を任せてもらっています。上司は最終チェックをするだけで、あくまで自分が主体となって取り組んでいます。任されているぶん責任も大きいと感じていて、それが苦労でもあり、やりがいでもあります。

安田　新屋が入社した当初は、新卒を管理部に配属することはまったく考えていませんでした。でも、会社の規模が大きくなっていくと、営業だけでなく管理の重要度も高まっていきます。管理が安定しないと会社が次のフェーズに行けないと思いました。管理部門は会社のコアとなる部分です。だから、スキルや経験を重視して中途採用するよりも、スキルや経験はこれからでも会社のカルチャーに合いそうな新卒を入れたほうがいいと考えました。最終的にはやはり、これから会社を一緒に大きくしていく仲間になってくれるような新卒に入ってほしいという考えに至りました。新屋は考え方や適性が合ったので、管理部に決めました。

新屋が目標どおり教員になるためには、できるだけ多くのビジネスや社会の仕組みを知ったほうがいいと思っています。会社では今後、法務や人事、労務なども必要になってくるので、そうした領域を統括しながら成長していってほしいと思っています。

伊藤　新屋さんがとくに大きな仕事をしていると実感するのは、どのようなときですか。

新屋　会社の規模は大手に比べたら小さいですが、仕事の大きさをどう定義するかによって、なにが大きな仕事かは変わってくると思います。例えば、**会社として大きな案件を手掛けていても、そのうち自分の貢献が少なければ、大きな仕事をしているとは言えない**と思っています。

自分自身がカバーする範囲が広く、会社全体に対するインパクトが大きいという意味では、とても大きな仕事を担っている実感があります。管理部は会社の基盤の部分ですから、自分の仕事があるからこそ、営業の売上が上がっているという自負も持てます。もちろん、そのぶん視野も広く持たないといけないので、かなり勉強が必要です。

安田　まさに、仕事の大きさは相対的なものです。１０００億円企業の10億円と、１００億円企業の10億円は価値が違います。金額それ自体よりも、会社を構成する何パーセントを自分が担っているのか。そういう感覚が大事です。

会社が小さいうちは、新卒を採らない会社も多いでしょう。ですが、私たちは新卒に期待しています。それは、この規模の会社に飛び込んでもらって、一緒に会社をつくっていきたいからです。

新卒は、一緒に会社をつくっていく意識を持ちやすいと思います。大きい会社にいた経験のある人のなかには、経営陣と社員が対立構造であるかのような意識が染み込んでしまっている人も少なくありません。経営陣からすれば同じ目線を持った仲間が増えるとうれしいですし、新卒社員にとっても、経営者と同じ目線で働くことで成長が早まるはずです。

伊藤　個人の成果を上げるために徹底して無駄を省き、成長を支援する。事業のコンセプトと組織のコンセプトが一貫していると感じます。アフィリエイターの成果を上げることも、新卒のパフォーマンスを上げることも、リンクエッジにとっては等しく重要なことなのですね。

Shapers

第3部

新産業領域のキャリア

Chapter 7

自分の存在が生み出す差分は何か？
若くして役員になる人の考え方
レバレジーズ

—

Chapter 8

ＤＸ時代のキャリアをどうつくるか？
「B2B SaaS」のテクノロジートレンドを知る
サンブリッジ

—

Chapter 9

起業家はどこから生まれるのか？
新産業を創出するためのコミュニティの役割
DeNA

Chapter 7

自分の存在が生み出す差分は何か？若くして役員になる人の考え方

レバレジーズ

資金に困っていない会社がぶつかる壁

日本のスタートアップシーンではここ10年で、数十億円以上の資金調達が珍しくなくなってきました。エンジェル投資家やシード投資をおこなうベンチャーキャピタルが増えたことに加え、ベンチャーキャピタルファンドの規模が大きくなっていることも要因です。

未上場ながら時価総額が10億ドル以上になるような期待の新興成長企業は「ユニコーン」と呼ばれ、世界中でもてはやされています。多くのユニコーンはアメリカや中国で生まれており、イノベーションを先導する存在として注目されてきました。

一方で、日本にはユニコーンが少ないと言われています。確かにそれは事実でしょう。しかし、その事実だけを見て、アメリカと比べて日本が劣っていると嘆くのは早計です。なぜなら、日本では早くに東証マザーズに上場し、さらなる成長を目指す企業が少なくないからです。


早くから上場企業となっていくスタートアップが多いなか、未上場のまま、マザーズ上場企業の規模を超えて拡大を続ける会社も存在します。**外部資本を入れずに成長し続ける会社は、資金調達のニュースがメディアに流れることもないので、スタートアップ界隈での知名度が低いことも珍しくありません。**

雑誌や新聞で見るスタートアップ特集は、有識者であるベンチャーキャピタリストへの取材をもとにつくられているでしょうから、外部資本を調達していないベンチャーの名前が挙がることはないに等しいと言えます。

このような背景から、「外部資本を調達していない未上場のメガベンチャー」というカテゴリーはあまり注目されません。そのような企業のスタートアップ界隈での注目度や評価は、実態よりも過小評価されがちです。

そもそも「スタートアップ」とは、外部資本を調達して急成長を目指す会社を指すのだから、それは仕方ないことだと指摘する人もいるかもしれません。

けれども、もし外部資本を必要とせずに、急成長を目指し、実際に実現している会社があったとしたら？　そんな会社は稀有で、ほぼ存在しないだろう、という指摘は的を射ています。しかし、今回ご紹介したいのは、そんな稀有な1社のお話なのです。

ベンチャーキャピタルは、外部からの資金調達を考えているベンチャーに出会うことはできますが、資金調達を必要としていないベンチャーに出会うことはできません。

創業初期からうまく事業が立ち上がり、キャッシュフローを自前で生み出せている会社は、外部からの資金を必要としていないから当然です。売上による自前の資金調達サイクルが回っているとも言えます。

黒字経営で潤沢に資金がある会社は、ベンチャーキャピタルを必要としません。資金をもとに次の事業をつくることや事業を拡大することに邁進していて、資金調達に割く時間もありません。

しかし、事業を拡大しようというとき、**資金調達には問題がなくても必ずぶつかるのが人材採用の壁**です。特に日本では、優秀な人材がコンサルティングファームや金融業界をはじめ、大企業に偏ってしまう傾向が顕著です。そうした環境で、事業を拡大しようとすると、事業を任せられる優秀な人材が足りないということになるのです。

そのため、私たちは「優秀な若者を採用したい」という熱意を持ったベンチャーの経営者から、直接相談を受けることがよくあります。

これまで出会ったたくさんの会社のなかには、すでに力強い売上成長を成し遂げており、外部資本を調達する必要がない会社もありました。

なかでも、私が最も記憶に残っており、実際に驚異の成長を続けている会社が、レバレジーズです。同社は未上場企業ながら、ＩＴや医療・介護のほか、比較的新しい領域に事業を展開しています。海外にも進出していて、創業から15年で年商４４９億円という驚異の成長を遂げています。

創業は２００５年ですが、私が出会った２００８年当時は、社員数がまだ50名にも満たない会社でした。その頃から創業者の岩槻知秀氏は、**「とにかく優秀な若者を採用したい」と、貪欲なまでに採用に熱意と労力を注いで**いました。

そのあとも実際に、私が知る限りでは、日本のベンチャーのなかで最も新卒採用に投資する会社であり続けたのです。

２０１５年頃からは、ベンチャーに振り向きもしなかった高学歴の学生たちにも、変化が見て取れるようになりました。「外資系コンサルティングファーム、外資系金融を中心に見ているが、ベンチャーもレバレジーズだけは受けている」という学生が続出したのです。同社は、ベンチャーの採用活動としては異例の、ハイレベルな母集団を形成するようになりました。

さらに最近では、リクルートやサイバーエージェントと並び、新卒でも事業を創ることができるメガベンチャーとして知られています。外資系コンサルティングファームや総合商社の内定を辞退してレバレジーズに入社した、という優秀な新卒社員が数多く在籍する会社になりました。

後で詳しくお話ししますが、同社の急成長を支えてきたのはまぎれもなく、岩槻氏が初期の頃から熱意を持って採用してきた優秀な若手社員たちの存在でした。だからこそ、同社で活躍している人たちのマインドセットを知ることは、大きな価値を生み出せる人材になるためのヒントを与えてくれるに違いありません。

急成長を実現した「人材への投資」

ところで、東証一部に上場していてもおかしくない規模でありながら、なぜレバレジーズは上場しないのか、皆さんは不思議に思うかもしれません。

たしかに、ゼロから創業したベンチャーとしては珍しいパターンです。創業初期からずっと黒字であり、自己資本のみで新たな事業へも十分に投資できる余力があるほど急成長している会社は稀有と言えます。そして実際に、これまで一度も資金調達をしていません。

どうして、未上場のままでそのような成長が可能だったのか、もう少し深掘りしてみましょう。ほかの多くのベンチャーとレバレジーズは、一体何が違うのでしょうか。

その秘密は3つあると私は考えています。それは、事業フィールドの選び方、自前のマーケティング、そして新卒採用へのこだわりです。

レバレジーズが参入する事業領域は、マーケットサイズが大きいことに加え、成長している領域に限られます。ＩＴ、医療、介護といった事業領域がまさにそれです。そのような魅力的なマーケットは競合が多く、競争が激しいので（いわゆるレッドオーシャン）、ふつうのスタートアップはもう少しニッチな市場を狙います。

しかし、同社はあえてレッドオーシャンで勝負するのです。しかも、後からマーケットに参入したにもかかわらず、シェアを獲得し、競合に勝っていくのだから驚きます。

それを可能にしているのは、マーケティングのインハウス体制です。

実は、大きなマーケットで勝負するような大企業や中堅以上の企業の多くは、マーケティングを広告代理店に頼っています。レバレジーズはそれをインハウス（代理店に依存せず、社内のチームで内製すること）にすることで、マーケティングの知見を社内に蓄積して、代理店頼みの競合との差別化を図っているのです。

マーケティング部門を牽引する執行役員の藤本直也氏は、次のように語ります。

「レッドオーシャンでは、表面的に模倣しやすい機能面の差別化では戦えません。わかりやすい差別化はすぐにマネされて、無意味になってしまうのです。でも、組織の強さは真似しにくい。**仕事にコミットする組織のカルチャーは、競合からすれば簡単には真似できない部分**なんですよ」

マーケティングをインハウスでまかなうという戦略は、社内に優秀な人材がたくさんいなければ成立しません。蓄積した知見をうまく迅速に活用するには、人の力が必要なのです。これは何もマーケティングに限ったことではありません。レバレジーズは、優秀な人材を多く抱えることで模倣されにくい競合優位性を築いているのです。

採用への熱の入れ方が日本トップクラスなのも納得できるでしょう。

採用戦略のなかでも、特に若手への期待が高いのも特徴です。新卒採用へのこだわりが強いのです。それゆえに、新卒採用市場において特異なポジションを確立しています。

自身も２０１４年の新卒入社組でありながら、20代で最年少の執行役員となり、自社の新卒採用をリードしてきた藤本氏は、新卒採用の重要性を強調します。

「新卒採用は、会社の業務のなかでも最も重要な業務の一つだと思っています。会社が急拡大するときに人材の採用は不可欠ですが、うちは新卒採用の比率が高いのです。セールス職だと6、7割、マーケティング職に至っては、ほとんどが新卒です」

なぜ新卒なのか、という疑問に対する藤本氏の答えも明確です。

「うちは3、4年で売上が2倍以上に成長している会社なので、常に変化が大きいんですよ。変化が激しい環境では、必要なことを自分で学習し、素早く吸収できる人が活躍しやすい。中途採用では、職歴や職務能力が会社にフィットするかどうかを見て採用するでしょう。でも、**過去の経験や今持っているスキルよりも、新しいことに対する学習能力といった基本的な素養が大事**なのです。そういう人を採用しようとすると、新卒のほうが見きわめやすいのです」

ところで、世の中には2つのタイプの会社があります。優秀な一人の才能によって変わることができる会社と、そうではない会社です。

そうではない会社というのは、装置産業や巨大資本をベースにしたインフラ系の業態などで、若手一人の才能があっても会社が大きく変わることはありません。一方で、ソフトウェアやウェブサービスの会社は、たった一人の才能によって会社が変わっていくことがあり得ます。優秀な一人を採用することで、プロダクトやマーケティングが劇的に良くなり、事業が大きく成長していくのです。

レバレジーズはまさに後者であり、それゆえに優秀な人材の採用に良い意味で貪欲に取り組んでいます。

会社を変えうる優秀な人材を採用しようとするとき、彼らが重視するのが新卒採用です。なぜなら、新卒採用は中途採用に比べて、とびきり優秀な人に出会える可能性がはるかに高いからです。

中途だとすれば、勤めている会社を自分の力でどんどん良く変えてしまうような人は、否が応でも会社で活躍してしまいます。すでに会社の中核的な存在になっているとしたら、なかなか転職市場には出てこないでしょう。

仮に会社を辞めるとしても、転職するのではなく起業する可能性もあるでしょう。ヘッドハンティングでもしない限り、中途採用でとびきり優秀な人に出会うのは難しいというわけです。

一方、新卒採用市場ではどんなに優秀な人も同時に求職しています。とびきり優秀な才能を求める会社にとっては、新卒採用こそアタックチャンスであり、ボーナスステージと言えるのです。

この新卒採用のメリットに気づいているレバレジーズのような会社は、数十名規模の創業期に近いフェーズのときから新卒採用に力を入れ、とにかく貪欲に、将来の幹部候補生を探し出そうとしているのです。

経営者目線で考えられる人になる

とにかく優秀な若手を採用し、若手に仕事を任せていくことで会社を伸ばす。このサイクルを最もうまく拡大再生産してきた会社の一つが、レバレジーズです。

「優秀な人材」と表現しましたが、具体的にどのような人が活躍できるのでしょうか。藤本氏は次のように話します。

「経営者の目線で考えれば、この人を採用したら会社がどう良くなり、どう大きくなっていくのかという期待値が大きい人のほうが、価値が高いのです。有名な大企業にいたからといって、役に立つとは限りません。自分が在籍していた会社で何をつくりあげてきたのか、**その人のおかげで生まれた差分は何なのか**が大事なのです」

経営者目線があるかどうかによって、就職や転職するときの会社選びにも差が出てきます。藤本氏は続けます。

「自分が事業を育てよう、会社を大きくしようというような、自分の存在によって差分を生み出そうとする視点を持っていること自体が差を生みます」

この視点の有無が、平凡と非凡を分ける分水嶺になっているように思います。

私が過去にお会いしてきた人たちのなかにも、多くの人が迷いなく受けるであろう超優良ブランド企業のオファーを辞退して、わざわざ無名の小さな会社に入社した人がいます。そのような人たちは、結果として若くして普通ではあり得ない裁量やポジションを得て、活躍しています。

考えてみると、無名で小さな会社に入っている時点で、藤本氏の言う経営者視点を持っているということなので、活躍できるのは当然な気がします。自分が生み出す差分がより大きくなるほうを選ぼうと思えば、巨大企業よりは小さい企業を、有名な企業よりは無名な企業を、優秀な人だらけの会社よりも人材が不足している会社を選ぶはずだからです。

周囲の人間への影響力もまた、差分になります。

「例えば、トップ営業なのは素晴らしいことですが、それだけでは差分を生んでいるとは言えません。その人が抜けても2位や3位の人がカバーできるケースが多いからです。別の人がトップになるだけなのです。

でも、ただトップというだけでなく、周りに良い影響を与えているトップ営業だったら話は違います。同僚から憧れられていたり、若手への教育効果があったりするトップ営業が抜けると、会社は困ります。周りへの良い波及効果も失ってしまうからです」

そう考えると、成長意欲が高い人は一見優秀に思えますが、実は**自分がとにかく成果を挙げよう、自分の能力を高めようという意識の人よりも、周りに貢献する意識が高い人のほうが優秀**ということになります。

自分の本質的な価値は、周りの人たちへの波及効果や、周りの人たちが成果を挙げられる仕組み（事業やシステムなど）をどれだけつくったかで決まります。利己的な思考をしていては、組織に大きな差分をもたらすことは不可能です。そのことをわかっている人がたくさんいる組織は、たしかに強いでしょう。ここにレバレジーズの強さを垣間見ることができます。

組織への差分を意識すれば、必然的に利己性よりも利他性を重視するようになると藤本氏は言います。学生の頃は自分に軸があり、自分自身が頑張ることが重要だったかもしれません。でも、社会人になると、軸が他人に移っていきます。自分が頑張っていても、相手がそれに対して価値を感じていなければビジネスとしては無価値です。

「自分の知識を増やすことは、自分本位であって、本当の意味での成長ではありません。私たちは、お客様が喜んでくれたり、価値を感じてくれたりするようになったことを成長と捉えています。他人にコミットできる人にならないといけません。その人がいるから、会社全体や周りの人たちに良い影響があるという人が良いというのが大前提にあります」

これは本質を突いているのではないでしょうか。

この考え方を前提として、さらに活躍するには人よりも努力することだと藤本氏は語ります。

仕事力は、実際に仕事をやってみないと磨けません。例えば、マーケティングを学問としていくら学んだところで、実際にマーケティングができるようになるわけではないでしょう。**新卒で入社したときは、他の人と同じスタートラインに立っています。だから、純粋に他の人よりも努力している人が抜きん出てくる**のは当然と言えば当然です。より高みを目指すのであれば、人よりも努力するマインドが必要です。

そのとき、ただ努力することが大事なのではなく、自分が生み出す差分を大きくするために真剣に努力し続けることが大事です。そうは言っても、組織への差分なんてそう簡単に生み出せるものではないので、最初は試行錯誤の連続になるでしょう。そう考えれば、ある程度は時間を投資する必要があるのです」

価値が高いのは、会社の能力を拡張できる人

頑張って活躍したい、成長したいという意識を持っている人のなかには、良い成長環境を与えてくれそうな会社を選ぼうとする人が少なくありません。会社が自分を成長させてくれると考えているかのようです。

しかし、そのような受け身な姿勢では、会社に大きな差分はもたらせないと藤本氏は指摘します。

「考えてみればわかることですが、**会社にすでにあるノウハウを教えてもらって学んでも、それは会社のケイパビリティ（組織的能力）を拡張しているわけではありません。**会社にすでにあるものを吸収したうえで、さらに会社の外から最先端のことを学習してきて、会

社のケイパビリティを新たに拡張しようする意識こそ価値があります」

たしかに会社から多くを学べることを喜んでいるだけでは、それこそ、その人の生み出す差分は小さいものでしかないでしょう。組織内にない知識を外から学び、その成果で組織の能力を拡張してはじめて、組織に対して大きな差分を生み出したと言えるのではないでしょうか。

自学自習できる人は、社内の教育制度があろうがなかろうが関係ないと言うでしょう。結局のところ、「必要な勉強は自分でするので、大きな仕事をください」と言える人がチャンスを掴みます。そういう人は経験を積んでどんどん成長し、さらに大きな仕事をするようになります。成長の良いサイクルが生まれるのです。

技術の進歩をはじめ、外部環境の変化が今ほど速くない時代には、特許などの知的財産や独自の技術を持っている大企業が有利でした。そのような企業に入ってまじめに働いていれば、安定した生活を送れました。

しかし今は、技術革新が速く、マーケティングのノウハウも数カ月単位で変わっていく時代です。必要に応じて、社外から最先端の技術を自学自習できる人が会社を強くすることは想像に難くありません。

Interview

20代の執行役員はどのように生まれたか

藤本直也（ふじもと・なおや）
1991年生まれ。兵庫県加古川市出身。2014年大阪大学工学部卒業後、レバレジーズ株式会社に新卒入社。マーケティング部、新規事業の責任者、レバテックの経営企画を担当した後、25歳でレバレジーズ史上初の執行役員に就任。就任後は人事責任者、新規事業検討室長を経て、現在は経営企画室長およびマーケティング部長として同社を牽引《けんいん》。2018～2020年度まで、中央大学で新規事業・マーケティングについての非常勤講師を務めた。

新卒3年目で、執行役員に大抜擢された藤本氏。兵庫県の進学校である加古川東高校時代には漠然と医学部への進学を考えていたが「技術で未来をつくりたい」との思いから工学部へ進学。しかし、アカデミックに限界を感じて、民間企業に就職することに。そこからどのようにして、執行役員へと駆け上がっていったのか。

伊藤　就職活動中に、やりたいことが「技術で未来をつくること」から「事業やサービスをつくること」へと変わったそうですね。どのような経緯があったのでしょうか。

藤本　セミナーでDeNAの南場智子さんやサイバーエージェントの藤田晋さんの話を聞いて、こう思いました。「この人たちはすごい会社に入ったからすごいのではなく、すごい会社をつくってきたからすごいのだ」と。

伊藤　なるほど。それで、自身もすごい会社をつくる側になりたいと思ったということですね。

藤本　そうです。そのために事業やサービスづくりをしようと考えたわけです。ちょうど時代的にも、スマートフォンが普及して、アプリやウェブサービスなどが世界に広がっていく様子を目の当たりにしていたこともあります。

就職活動では多くの人からアドバイスをいただいたのですが、大手企業に行って大手企業の仕組みを学んだほうがいいとか、コンサルティングファームでも事業をつくれるとか、当たり前ですが皆さんいろいろなことをおっしゃるんです（笑）

でも、実際に自分で事業をつくっている人に話を聞きに行ったら、答えは非常にシンプルでした。「**事業をつくりたいなら、事業をつくるしかないよ**」と言われました。

そう言われて初めて「事業開発」という職種があることに気がつきました。事業開発というフィールドに踏み込まないかぎり、事業づくりの経験はできないし、自分が目指している「事業家」になるのは無理だと思ったんです。

伊藤　そのような就職活動を経て、レバレジーズに新卒入社されたんですね。そもそもなぜ、レバレジーズを選択したのでしょうか。

藤本　最近でこそ、事業開発やBizDev（ビズデブ）という打ち出しで求人をする会社が増えていますが、私が就職活動をしていた2013年当時は、事業開発をさせてくれる会社はほぼありませんでした。新卒なら、なおさらです。新卒で事業開発させてくれる数少ない会社の一つがレバレジーズだったんです。

伊藤　レバレジーズが展開する、プログラミングに関するQ＆Aサービス「Teratail（テラテイル）」は、今やエンジニアに欠かせないサービスとなっていますね。テラテイルの事業計画をつくったのが、藤本さんだと伺っています。しかも、聞くところによると、入社前につくってしまったとか。

藤本　はい。内定した後、大学4年生のときにレバレジーズでインターンを始めたのですが、これが理系学生にとってはなかなかタフな生活で……。仕事と研究を両立しなければいけなかったので、今思い出しても大変でした。**インターンではマーケティングの仕事をしていたのですが、並行して事業の企画書をいくつも書いていました。**事業開発をやりたかったので、それはごく自然なことでした。後に事業責任者になるテラテイルの事業企画案もこのときに書いたものです。

伊藤　入社後はどのような仕事をされていましたか。

藤本　ウェブメディアに集客するために、SEM（検索エンジンマーケティング）を中心にデジタルマーケティングの領域に取り組んでいました。でも、当時の事業部長に「事業をつくりたい」と言い続けていたら、あるときプログラミングスクールを立ち上げるという新規事業にアサインされました。ところが、その事業は2、3か月で撤退することになってしまいました。今でこそプログラミングスクールが流行っていますが、当時は参入するのが早すぎたのです。そのあと再びマーケティング部門に戻ったのですが、ちょうど自分が企画したテラテイルが、別の事業責任者のもとで立ち上げ中だったので、そこに合流することになりました。当時の責任者よりも自分のほうが、戦略も実行案ももっと筋のいい案を考えられると思ったので意見を出していたら、「だったら、お前が責任者をやれ」ということで、晴れて事業責任者に就任しました（笑）

伊藤　レバレジーズは、人材サービスの会社でした。テラテイルはインターネットサービスで人材サービスとはまったく異質ですよね。どのように立ち上げていったのですか。

藤本　そうなんです。社内では誰もインターネットサービスのつくり方を教えてくれなかったんですよ。実際、わからなかったのだと思います。なので、ウェブサービスをやっている会社の人に話を聞きに行き、積極的に自学自習して、イチからサービスのつくり方を学んでいきました。

伊藤　人材サービスの会社に、差分として新たにインターネットサービスの事業をもたらしたわけですね。自分で起業しようと思わなかったのは、なぜですか。

藤本　それはよく聞かれる質問なのですが、私は**事業をつくりたいなら起業しないほうがいい**と考えています。今は企業もお金が余っているところが多いですし、アイデアに対して投資したいという企業も少なくありません。ゼロから全部自分で準備するよりも、既存の資本や組織をうまく動かして事業づくりに挑戦する、いわゆるイントレプレナー（企業内起業家）的な働き方が、自分には合っていると思っています。

伊藤　入社3年目にして執行役員に就任されたわけですが、当初は就任を迷っていたそうですね。それはどうしてですか。

藤本　単純に、事業づくりがしたかったからです。役員になると会社づくりの仕事が増えてしまい、事業づくりができないのではないか、と思いました。

伊藤　でも最終的には、役員就任を受け入れましたよね。

藤本　役員を引き受けようと決心したのは、初心を思い出したからです。なぜ事業をつくりたいのかといえば、自分の生み出す差分を大きくしたかったから。すごい会社をつくっていくような仕事がしたかったことを思い出したんです。

それに、お世話になっていた大学教授の言葉にも影響を受けました。「**売上数百億円以上の会社の役員に、20代で就任する人はほぼいない**」と言われ、自分だからこそ周囲に示せる背中もあるのではないかと考えるようになりました。

伊藤　藤本さんが就任するまでは、レバレジーズは創業者の岩槻氏以外に役員がいない会社でした。レバレジーズ史上初めて、しかも25歳の若さで役員就任を打診された理由は何だと思いますか。

藤本　人材サービスの会社を、インターネットサービスも手掛ける複合的な企業に成長させたことが大きいと思います。その後も経営企画の立場で新規事業案をたくさん書き、そこから立ち上がった新規事業がいくつもあります。「こいつに任せておけば、会社を良い方向に変えてくれる」と、社長に期待してもらえたことが一番の理由ではないでしょうか。

伊藤　役員として、今後はレバレジーズをどのような会社にしていきたいと思っていますか。

藤本　いくつもの事業が生まれ続ける会社にして、これから社会的にいろいろな課題を抱えることになる日本を支えていく会社に成長させていきたいですね。

Chapter 8

DX時代のキャリアをどうつくるか?「B2B SaaS」のテクノロジートレンドを知る

サンブリッジ

DX成功の鍵は「B2B SaaS」にあり

昨今、あらゆる産業でDX(デジタルトランスフォーメーション)を迅速に推進していくことが求められています。

デジタルトランスフォーメーションとは、経済産業省の定義によれば「企業がビジネス環境の激しい変化に対応し、データとデジタル技術を活用して、顧客や社会のニーズをもとに、製品やサービス、ビジネスモデルを変革するとともに、業務そのものや、組織、プロセス、企業文化・風土を変革し、競争上の優位性を確立すること」とされています。

つまり端的に言えば、**ＤＸとはデジタル技術を用いて経営や組織、働き方を変革すること**を指します。特に労働生産性の低い日本において、今後ＤＸが果たす社会的役割は大きいと言えるでしょう。

日本の社会や企業における生産性の低さは、社会課題にもなっています。２０１９年のデータによれば、日本の時間あたりの労働生産性はＯＥＣＤ加盟国37カ国のうち21位[※1]でした。ＤＸによってこの低い労働生産性が改善されることが望まれているのです。

これは、ＩＴ投資が遅れがちな中小企業に限った問題ではありません。資金力が豊富な大企業でさえも、ＤＸが遅れている現状があります。

逆に言えば、企業のＤＸを推進するビジネスは、今後の伸びしろが大きい分野とも言えます。

DXが推進される流れのなかで注目したいのが、SaaS（サース：Software as a Service）です。SaaSは今、世界で見てもホットなテクノロジートレンドです。

SaaSとはサービスとしてのソフトウェアを指します。クラウド（インターネット）を経由して、必要な機能を必要なぶんだけサービスとして利用できるようにした、ソフトウェアの提供形態のことです。企業向け（B2B）のSaaSの代表例としては、セールスフォースやGoogleが提供するグループウェアサービス、Google Workspace（旧・G Suite）などが挙げられます。また、Apple Musicのような定額制のビジネスモデル（いわゆる「サブスクリプション」）をとっていることが多いことも特徴です。

セールスフォースとは、クラウド型のSFA（営業支援）・CRM（顧客管理）のプラットフォームです。CRMやセールスアプリケーション分野において世界シェア1位であり、世界で15万社以上が導入しています。中堅企業から大企業まで、さまざまな業種で利用されているのです。その成長はめざましく、直近20年間で20%以上の成長率を継続できた米国上場企業はセールスフォースだけ※2でした。

実はソフトウェアサービスというものは、電気やガス、水道といったインフラサービスと同じで、「使うことができれば十分」なものです。電気だって利用する側からすれば、スイッチを押して電気がつけば、それで十分です。

しかし、日本で昔からおこなわれてきたシステム開発は、企業がシステムインテグレーター（以下SIer）に発注して、SIerがその企業のためにゼロから要件を詰めて、企業ごとにカスタマイズして開発する方法が主流でした。つまり、個別に発電所からつくるようなもので、やたらとコストも時間もかかって無駄が多かったのです。

ＤＸの本質は、デジタルの部分ではなくトランスフォーメーションの部分にあります。**変化や変革を起こすことが目的なのであって、それを達成する手段としてのデジタルという位置づけ**です。決して、ＩＴ化したりシステム開発したりすることが目的ではないのです。

だからこそ、ゼロからシステム開発することに時間を費やすようなやり方は得策ではありません。迅速にＤＸを進めるためには、SaaSを使うことが有力な選択肢の一つと言えます。そのなかでも、法人向けのソリューションである「B2B SaaS」は、企業のＤＸ推進の鍵となっています。

「B2B SaaS」というテクノロジートレンドについて詳しく聞くなら、最適な会社はサンブリッジでしょう。

サンブリッジは、日本オラクルの初代代表を務めたこともあるアレン・マイナー氏が創業した企業です。もとは、クラウドサービスやＡＩツールといった海外のB2B SaaS企業が日本市場に参入するときにそれを支援するベンチャーキャピタルでした。そのため、B2B SaaSへの投資実績も豊富です。このような背景から、同社はグローバルなテクノロジートレンドにかなり精通していると言えます。それが同社のユニークネスにもなっているのです。

今のサンブリッジは、ベンチャーキャピタルにSIer（システム開発コンサルティング）の要素が付加された企業と言えば、わかりやすいでしょう。今では、セールスフォースを活用したＳＩ事業、およびセールスフォースに機能追加するSaaSアプリ開発事業を中心に、本業を補完する投資事業を展開しており、「ＤＸアクセラレータ（ＤＸ推進事業者）」というホットな立ち位置にもあります。

サンブリッジは２０００年に、米国のセールスフォースと共同出資して株式会社セールスフォース・ドットコムを設立しています。そのため、セールスフォース・ドットコムが設立された当初からパートナーとして、セールスフォース製品の企業への導入を支援しています。

今も日本に約350社あるSalesforce SIer（セールスフォースの導入を支援するシステム会社）のなかで国内トップ10に入る、セールスフォースのプラチナパートナーであり、超大手SIと並ぶ実力を持つ会社でもあります。

※1　「労働生産性の国際比較」日本生産性本部　2020年
※2　BofA Securities, CapIQ. Salesforce years include pre-IPO.（データは2019年の収益が5億ドル以上の米国上場企業が対象）

世界で負けていても気づかない日本

日本企業の状況は、多くの人たちが想像している以上に深刻です。日本企業が世界で躍進できないのは、DXを実現できていない企業が多いからとも言えるかもしれません。

2020年5月には、GAFAM（Google・Amazon・Facebook・Apple・Microsoft の総称）の時価総額が、東証一部に上場している約2170社の合計を上回ったことが報じられ※、話題となりました。これもまた、日本企業の多くがDXを達成できていないことを示唆しているように思います。

サンブリッジ代表取締役社長の梶川拓也氏は、以前在籍していたソニーで海外展開に携わった経験から、「多くの**日本企業は世界で競争していないから、自分たちが負けていることがわからない**」と指摘します。国内市場のぬるま湯に浸かっているから、世界における自分たちの立ち位置が見えていないのだといいます。

梶川社長はこうも話します。

「ノキア会長のリスト・シラスマ（Risto Siilasmaa）氏が出版した『NOKIA　復活の軌跡』という本があります。それによると、ノキアは携帯市場をiPhoneやAndroid端末に奪われて、倒産の一歩手前までいきました。しかし、だからこそ大企業にもかかわらず変わることができ、復活できたのです。日本企業はまだそこまでの状況ではないので、本気で変わろうとしていないように見えます」

これはもっともな指摘です。生きるか死ぬかという瀬戸際になって初めて、本気で自分を変えようとするのは、個人も企業も同じなのかもしれません。

では具体的に、日本企業はどのような問題を抱えているのでしょうか。コロナ禍でテレワークやＤＸというワードが飛び交うなか、次のような状況にある企業が少なくないと梶川氏は言います。

・テレワークでは部下の様子が見えないので、部下のマネジメントができないと言い出すマネジャーがいる
・オンライン会議では、役職の低い者から順に入室し、役職の高い者の入室を出迎えるのが暗黙の了解となっている
・ビデオ会議ツールのZoomを導入したことを理由に、「うちはＤＸに取り組んでいる」と臆面もなく主張する人がいる

言うまでもなく、これらの企業はＤＸを実現できていない企業、もしくはＤＸに取り組んだとしてもその恩恵を享受しにくい企業体質だと言えます。本気で変えようとしなければ、競争力を失う一方でしょう。

また、日本企業がＩＴシステムを導入しようとなったとき、よくある会社側の要望に次のようなものがあるそうです。それは、「システムを我々の仕事に合わせてカスタマイズ

してほしい」というものです。

梶川氏に言わせれば、「そんなことをしているから生産性が低いまま」なのです。特に自社の差別化ポイントでない領域については、**生産性の高い世界標準のやり方に自分たちが合わせるべき**であって、そのほうがずっと効率がいいのに、それができないことが変われない日本企業の体質を表しています。

※日経新聞（朝刊）2020年5月9日付

「大企業かベンチャーか」よりも「DX分野か否か」

企業が「進化し続ける会社」であることが重要なように、個人も進化し続けないと生きていけない時代です。梶川氏によると、DXとは企業の経営や働き方だけでなく、個人の生活も含めて企業と個人を変革することだと言います。

これからの時代を生き抜くためには、どんな人も、今この瞬間から変わる必要があるのではないでしょうか。

キャリアについて考えるとき、よくあるのが「大企業かベンチャーか」という問いです。

しかし、これから5～10年間でデジタル技術を用いて企業が変化（進化）していくことを考えれば、企業を選ぶときに見るべき軸は**「大企業かベンチャーか」**よりも**「ＤＸ分野か否か」**ではないでしょうか。

デジタル技術を使って何かを進化させるというＤＸ分野における経験の価値は、今後高まっていくと考えられるからです。

ただし、あくまでもデジタルは手段に過ぎないことを忘れてはなりません。ＤＸの前提としては、まずトランスフォーメーションがあり、その手段としてデジタルを使うということは、すでにお話ししたとおりです。

デジタル分野でのキャリアは必要である一方で、そちらに偏りすぎても良くないと梶川氏は言います。

「最近は、デジタル分野の経験に偏りすぎていて、人と人との関わりあいのなかで仕事ができない人が増えてきています。今のようにＤＸの必要性が声高に叫ばれる時代でも、ビジネスは最終的には感情を持った人対人の関係で動いていくものです。デジタルに偏りすぎて、リアルな人の感情がわからないのでは話になりません。やはり基本は、アナログで人としっかりコミュニケーションすることが大事です」

DXの社会的ニーズは高まり続けるものの、企業がDXを推進する能力を持ち合わせていないために十分に達成されていないのが、日本のDXの現状です。それは同時に、デジタル分野に強い**デジタルネイティブの若い人たちが、大きな裁量を持って活躍できる領域であるとも**言えるはずです。

アナログなコミュニケーションを軽視しないようにしながらも、DX領域で経験を積みながら成長していけば、市場価値の高い人材になれるというわけです。

このようなDX時代のキャリアを実現するためには、どのような環境に身を置くべきでしょうか。梶川氏の見解をまとめておきましょう。

まず、企業も個人も変わり続ける環境に身を置いておくことです。

人間は本来変化を好まない生き物であり、変化するにはそれなりにストレスがかかります。つまり、変化し続けるということは、常に高地トレーニングしてマラソンを走っているようなもので、とても大変なことなのです。

しかも、マラソンと違って変化していくことには終わりがないので、ほとんどの人はギブアップしてしまう可能性が高いのです。けれども、環境変化が激しいなかで生き残りたければ、自分も変わらざるを得ません。

高地トレーニングを続けると、次第にそれにも慣れていきます。それを3年続けているのか、5年続けているのか、あるいはまったくやっていないかでは、後になって相当な差がつくことは明らかです。自分が変わろうとする強い意志を持ち続け、変わる努力をし続けられるかが問われるのです。

しかし、一緒に働く人々がそのような意思や姿勢を持っているかどうかも当然、自分に影響を及ぼします。人は環境に影響される生き物だからです。

つまり、同じように変化しようとする人たちが、周りにいたほうがいいわけです。特に自分から見ても優秀で、変化し続ける意思があるような仲間が多くいる会社のほうが、環境のメリットを享受できます。

次に、客観的な指標として、企業価値（株価）が上がり続けている会社を選ぶといいでしょう。

なかでも、株価が乱高下するのではなく、3～5年以上のスパンで上がっている会社がいいと思います。中長期で見れば、株価が上がり続けるということは、進化し続けているということだからです。

非上場企業の場合は、できるだけ多くの社員に会ってみるといいでしょう。社長や人事に会っても、社外対応に慣れているぶん、会社の実態は見えません。「こういう人に会わせてほしい」とこちらから依頼すれば、現場の人に会えます。会社のリアルな面を教えてくれるのは、現場の人たちなのです。

最後に、心から仕事に邁進できる環境であることです。

例えば、自分が本当は良いと思っていない商品を売らなければいけないとしたら、仕事に打ち込みたい気持ちはあっても、どこかに迷いが生じるでしょう。仕事に邁進するには、その仕事が意義のあることだと心から思えなければいけないのです。

DXの代表格と言える、Amazonとセールスフォースは、ともにドッグフーディング(Dog fooding)を徹底しています。

ドッグフーディングとは、「実際にやってみたことをお客さんにすすめること」を意味します。真偽はわかりませんが、ドッグフードを売りに来たセールスマンが「このドッグフードはお宅の犬にいいので食べてください」と言って、お客さんが「どうして犬にいいとわかるのか?」と聞くと、「私が毎日食べているからです」と答えたという故事に由来するとする説があります。

AWS(Amazon Web Services)の提供するクラウドサーバーなどのインフラは、もともとアマゾンが自社で使用していたものです。それだけでなく、アマゾンは社内の意見交換などに使うサービスインターフェースも、自社で使ってみて良かった場合にはそのままお客さんに提供することを前提として自社開発しているようです。

セールスフォースはテクノロジーの会社という側面もありますが、ある意味では世界一の営業会社でもあります。売上の結果を出すために、自社用にクラウドサービスをつくり、実際に使ってみて、良かったものをお客さんに提供しています。

実はサンブリッジも、このドッグフーディングを大切にしています。自分たちが使ったことがないものは売らない方針です。

会社を選ぶときには、そういった哲学が全社で一貫しているかどうかも大事なポイントと言えるでしょう。

「雇われる能力」を高める

DX領域でキャリアを積むために、適したフィールドの一つがサンブリッジでしょう。前にもお話ししたように、同社はもともと、シリコンバレーのB2B SaaS企業の日本進出を支援するベンチャーキャピタルだった経緯があります。そのため、最新のグローバル・テクノロジー・トレンドにも触れられる環境があります。さらに、日本企業のDXを支援する立場として、DXの最先端に関わる経験が積める環境でもあります。

つまり、サンブリッジで働くことは、市場価値を高める要素にあふれています。言い換えれば、「雇われる能力(=エンプロイアビリティ)」を高めることができるのです。

まさに**これからのDX時代において重要なのは、個人が力をつけて、エンプロイアビリティを高めていく生き方**です。

エンプロイアビリティを高めていくにはどうすればいいのか、もう少し掘り下げてみましょう。

分野に関して言えば、「好きで得意なこと」を磨くのがいいでしょう。「好きだけど苦手なこと」を仕事にしてしまうと、苦労することになります。「好きで得意なこと」がないなら、好きかどうかは置いておいて、まずは「得意なこと」を目指すといいでしょう。

結局、仕事のパフォーマンスを評価するのは、自分ではなく第三者です。高いパフォーマンスのためには、得意分野を磨くほうが近道なのです。

しかし、自分は何が得意なのかよくわからない人もいるかもしれません。その場合は、目の前のことをこなしながら、実際にいろいろやってみて得意なことを発見していくしかありません。

そもそも、「雇用が保証されている」という前提は過去のものです。その前提が成り立っていたのは高度成長期の一時期の話であって、もはやその前提は崩れています。

会社が傾けば、非正規雇用者だけでなく、正社員だって失業するのです。

梶川氏は「うちでは雇用は保証しないけれど、エンプロイアビリティは保証する」といいます。

「生物の進化の歴史を見れば、生存に適したこと(＝自分が得意なこと)を伸ばしていった生物が生き残って進化し、自分が不得意なことを選択した生物が死滅したわけです。職業選択もまったく同じで、**自分は何でもできると思うのは間違っていて、自分の得意と不**

得意をしっかり見極めて選択する必要があるのです」

得意・不得意、向き・不向きをその都度しっかり判断しながら、仕事を進めていくことが重要なのです。

例えば、サンブリッジの事業はB2Bなので、お客様は法人であり、商品を購入するときもロジカルな意思決定がなされます。したがって、ロジカルで合理的な人が向いています。

サンブリッジでは、入社時にはそのような向き・不向きは大枠で見ておき、入社後に実際に仕事を進めながら判断していくそうです。同社の企業文化で特徴的なのは、「最初から撤退を視野に入れる」ことです。向いていなかったと判断したら、向いているところに異動させることは、同社では珍しくありません。

しかし、それは本人のためでもあると、梶川氏は言います。

「環境選択能力、すなわち自分に適合する環境を見極めることが大事です。これがうまくできなければ、その先の努力が無駄な努力になってしまうからです。日本人は、気合と根性で不得意なことや不向きなことを頑張ってしまいがちです。私たちは、そのようなガンバリズム（頑張ることが最も価値があるとする価値観）は全否定しますし、気合と根性は一番嫌いな言葉です。ビジネスは結果がすべてであり、その意味ではフェアと言えます。だから、誰であっても得意な分野で頑張れば必ず活躍できるのです」

「進化し続ける会社と個人」であることを武器に、グローバルニッチ市場に展開していくサンブリッジ。それにより、ますますエンプロイアビリティを高めた個人が集まる集団になっています。サンブリッジが、日本発のB2B SaaS ＆ＤＸアクセラレータとして世界に名を馳せる日はそう遠くないでしょう。

Interview

DX時代に積むべきキャリア経験とは？

梶川 拓也（かじかわ・たくや）

株式会社サンブリッジ代表取締役社長。1997年に株式会社リクルートに入社した後、ソニー株式会社でデジタル音楽市場の開拓を担当する。2003年、株式会社チップワンストップにて、東証マザーズ上場を経て取締役に就任。2010年、世界最大の寄付型クラウドファンディング、英国JustGivingの日本展開を手掛ける。2017年、株式会社サンブリッジに参画し、取締役等を経て2020年7月より現職。

これまで、DX時代に価値の高いキャリアがどのようなものかを見てきた。では、サンブリッジでは実際どのように、エンプロイアビリティ（雇用される能力）の高い人材を育成しているのだろうか。

伊藤　サンブリッジでは具体的にどのような経験が積めるのでしょうか。

梶川　セールスフォースを中心とした業務スキルや資格を、文系・理系を問わず、身に付けられる環境があります。DXというとテクノロジー領域なので、理系が有利と思う人もいますが、それは誤解です。実際、うちに新卒で入社した若手エース2名は両名とも文系出身です。たしかに、仕事はテクノロジーによってさまざまな企業の働き方や業務を変革することなのですが、あくまでもテクノロジーはツールです。ツールをうまく使えることも大事ですが、お客様の課題を解決するために適切なヒアリングができたり、同僚とうまくコミュニケーションできたりするほうが重要です。

伊藤　逆に言えば、高いコミュニケーション能力を持ちながらテクノロジーのこともわかる、バランスのいいビジネスパーソンになれる環境とも言えますね。

梶川　そうです。ここで経験を積めば、あらゆる会社から欲しがられる引っ張りだこの人材になれるでしょう。ただ、私たちが求めるのは「進化し続けるチームプレーヤー」です。進化し続けるには、かなり継続的に勉強する必要があります。向上心を持って自ら学習するタイプでないと難しいと思います。私たちが提供するのは良質な修業の場なのです。でも、それができるなら、きっと活躍できるでしょう。

伊藤　具体的には、どのようなキャリアステップになるのでしょうか。

梶川　入社後の研修が4月から2カ月間あるのですが、そのあいだにすべての業務をひととおり経験してもらいます。そこで適性を見て、6月頃に部署を決めます。それから半年と1年後にグレード評価があります。6段階評価で6は新人、5が補助輪付きの一人前、4が一人前、3以上がマネジャーです。先ほどお話ししたエースは、半年で一人前になりました。私としては、どこに出しても恥ずかしくないレベルです。

伊藤　サンブリッジでは、個人が活躍できるように配慮して人材配置をしているそうですね。若くして活躍するには、何が必要ですか。

梶川　場数を踏むことでしょうね。サンブリッジでは、かなりの場数が踏めます。なぜかというと、セールスフォースは売上が年20〜30%で伸びていて、それに伴ってサンブリッジも年平均40%は伸びています。だから、次々と仕事が生まれる環境にあります。さらに、社員数は100名程度ですが、毎年30人ほど新しい人が入社してきます。新人の比率が高いので、新人であっても早期に仕事を任せざるを得ない状況なのです。

伊藤　部署異動も頻繁にあると聞きました。それも、社員に活躍してもらうためでしょうか。

梶川　そのとおりです。常に適材適所を考えています。実際に、新卒で入ってきてなかなか芽が出なかったのに、部署移動させたら急に輝きだして、エースになった人もいます。私たちは人の可能性を信じています。**得意なことを活かせる環境に身を置けば、誰だって活躍できる**と思っているのです。だから、「この人は何が得意なのかな？」と常に見ておき、環境が合っていなそうであれば、合う部署に異動させるのです。

伊藤　得意・不得意を正確に見極めるのは、難しくはないのですか。本人に聞いても、自分は何が得意なのかよくわからない人もいますよね。

梶川　だから、周りの人間が見極めてあげる体制をつくるようにしています。上司は、部下が何に向いているのか、何が得意なのかを見ておくことが仕事です。社長やマネジャーからも、「あの人は何が得意なの？」と頻繁に問われます。答えるときも、自分の主観ではなく、3人以上の同僚に聞いて裏を取った結果を報告しなければいけません。

伊藤　徹底していますね。本気で適材適所を実現しようとしていると感じます。DXアクセラレータとしては、今後どのような取り組みに力を入れていくのでしょうか。

梶川　私たちが手掛けているのはB2Bビジネスなので、企業が顧客です。しかし、私たちは「顧客の顧客」に貢献したいと考えています。つまり、顧客である企業が消費者を相手にビジネスをしているとしたら、私たちは消費者に貢献したい、ということです。

DXに弱い会社は、顧客のためでなく自分たちのために働いている会社が多いのです。

でも、業績が上がるのは、間違いなくお客様のために働く会社です。セールスフォースを入れると、SFA・CRMの仕組みによって、お客様が欲しいものを欲しいタイミングで得られやすくなります。お客様が受けるサービスの質が向上するわけです。営業担当の仕事は、短期的にはごまかしがきかなくなって大変になりますが、お客さんが喜んで売上が増えるので、長期的には感謝されることが少なくありません。「顧客の顧客」を大事にすることで、私たちの結果にもつながるのです。

伊藤　組織としては、どのように変わっていくのでしょうか。例えば、社員100人のところに新人30人が毎年入社したら、組織は急速に大きくなっていきますよね。

梶川　今後は、1社あたりの社員数が200人を超えないようにしたいと考えています。例えば、1万人規模の会社になったら、200人×50社にしたいですね。総合商社やスーパーなど、うまくいっている会社は大抵そうなっています。顧客目線を忘れないちょうどいい規模が、それくらいなのだと思います。

伊藤　海外進出への意欲も高いですよね。なぜでしょうか。

梶川　理由は2つです。一つは、社員に良質な修業の場を提供したいからです。国外市場は国内市場よりも伸びていて、可能性があります。また、海外にはすごい仕事をする人たちがたくさんいるので、そのなかで揉まれてほしい。井の中の蛙にならないように、世界で勝負してほしいのです。

伊藤　梶川さんもソニーで働いていたとき、海外で経験を積んだのですか。

梶川　20代の頃、世界中で仕事をさせてもらって、世界にはすごい人たちがいることを知りました。だからこそ、同じように世界で仕事をしてもらい、自分たちはたいしたことないと思ってほしい。それが修業につながっていくからです。

伊藤　海外を志向する理由の2つ目はなんですか。

梶川　2つ目は、日本企業として外貨を稼げるようにしたいからです。エンプロイアビリティにも関わりますが、**世界市場で雇用される能力とはすなわち「外貨を稼げる能力」のこと**です。日本は外貨がなければ、食料も石油も買えません。仮に日本が潰れたとしても、外貨を稼ぐ能力があれば食べていけます。サンブリッジで働くメンバーにも、外貨を稼げて、世界で通用するビジネスができるようになってほしいですね。

伊藤　社員のエンプロイアビリティが高まるように、徹底して考えられているのですね。

Chapter 9

起業家はどこから生まれるのか？ 新産業を創出するための コミュニティの役割

DeNA

新産業を生む起業家コミュニティ

起業家は、どこから生まれるのでしょうか。

起業家を輩出している企業としてよく名前が挙がるのは、リクルートやマッキンゼー、ボストンコンサルティンググループ、アクセンチュアといった会社です。それらの会社の出身者が起業して、活躍しているケースが多いのは事実でしょう。

だからといって、起業家になりたい人がそれらの企業に今から就職すればいいかというと、そう単純な話でもありません。一歩踏み込んで、それらの会社から起業家が輩出されてきた構造と背景をしっかり理解する必要があります。

見落としがちなのは、業界の黎明期や成長期においてこそ、起業家の素質を持った人材が集まり、若いうちから裁量のある仕事を任されて、能力やマインドを磨き、起業家として巣立っていくという事実です。

業界の黎明期や成長期は、いつまでも続くものではありません。やがて成熟していくからです。つまり、**起業家を多く輩出する企業も変遷していく**傾向にあるのです。

１９８０～２０００年代の30年間では、まさに先ほど名前を挙げた会社群が、起業家を輩出する企業として名実ともにトップだったと言っていいでしょう。それは、それらの会社群がその30年間に黎明期・成長期にあったという事実と符合します。

１９８０年代にコンサルティングファームに就職して、のちに起業した方々と先日、仕事をさせてもらう機会があったので、聞いてみたのです。すると、皆さん口を揃えてこのように言っていました。

「就職するときは周りの人たちから、バカじゃないか、あいつは大丈夫かなどと言われた」

今では想像もつかないかもしれませんが、彼らが入社した当時、コンサルティング業界は黎明期で、一般的には怪しい業界だと思われていました。彼らは、そのような時期に業界に飛び込んだ若者だったわけです。

リクルートも、1990年代前半に入社した世代から、のちに上場企業となる会社をつくった起業家が何人も生まれています。

今の若い人だと知らない人も多いかもしれませんが、実はリクルートの90年代というのはリクルート事件※のあとで、バブル崩壊もあって苦境に陥り、借金1兆円を返済すべくダイエー（当時の大手スーパーチェーン）の子会社として再建中だったころです。

親に言ったら、就職を反対されるような会社だったのです。

そのような時期にリクルートで働いていたある経営者からは、「内定を辞退しに行ったら、口説かれて入社してしまった」という話を聞いたことがあります。

学生から人気を集める今のリクルートからは想像もつかない、まったく別の会社だったと言っても過言ではないでしょう。

近年、東大生のような高学歴の学生のなかにも、起業家を志望したり、学生起業したり、スタートアップで長期インターンをしたりする学生が増えています。

起業したいと思ったとき、彼らはどのようなファーストキャリアを選ぶのでしょうか。

今でも、リクルートや外資系コンサルティングファームを志望する人は一定数います。

しかし、実際に話してみると、**よく考えて行動している学生ほど、志望先にインターネットやデジタルの事業づくりに強い会社という別の選択肢が浮上してきている**のも事実です。

※リクルート事件……リクルートのグループ会社、リクルートコスモスの未公開株が政治家や官僚らに賄賂として譲渡された事件。

今、最もホットな起業家人材の集積地

では、2010年代から今現在に至るまで、起業家人材の集積地となっているのはどこ

なのでしょうか。

最も起業家人材を集め、輩出できている会社の一つは、ディー・エヌ・エー（以下、DeNA）と言って間違いないでしょう。

DeNAという企業自体が、もとはオークションサイトから事業をスタートし、EC、モバイルSNSからゲームへと事業を展開し、多領域で事業をつくり続けてきた経緯があります。同社の歴史が、事業創造の連続であったことは、疑う余地がありません。

現在も、ゲームなどのデジタルコンテンツ関連だけでなく、オートモーティブ関連、ヘルスケア関連、ライブストリーミング関連、スポーツ関連など新たな事業領域を切り拓いています。また、分野横断的にＡＩの活用を検討したり、スタートアップへ投資したりするなど、常に新しい事業創造に挑み続けています。

そうした事業創造に当たり前のように取り組んできた組織においては、社内から起業家人材がたくさん生み出されていくのは必然なのでしょう。

実際に今、同社が注力する新規事業であるヘルスケア領域を牽引するのは、２０１０年に入社した瀬川翔氏であり、ライブストリーミング領域を牽引するのは、２０１２年に入社した住吉政一郎氏です。

瀬川氏は大阪大学大学院工学研究科を経て新卒で入社し、Eコマース分野で新規事業を立ち上げて事業責任者を経験した後、ヘルスケア事業に参画し、入社7年目にして子会社の取締役、8年目にして本社執行役員（ヘルスケア事業本部本部長）と同時に子会社社長にも就任しています。

ヘルスケア事業は、自宅でできる遺伝子検査サービス「MYCODE（マイコード）」をはじめ、「楽しみながら、健康に。」をテーマに、楽しく健康になれるヘルスケアエンターテインメントアプリ「kencom（ケンコム）」、ヘルスケア型保険の開発、子宮頸がんや関節リウマチの疾患啓発活動などに取り組んでいます。

住吉氏は東京大学大学院理学系研究科（地球惑星科学専攻）で地球温暖化の研究をしていたそうですが、Facebookのマーク・ザッカーバーグに憧れてエンジニアを目指し、DeNAに新卒入社します。

入社後はゲームのサーバーエンジニアからスタートし、2年目でプロデューサー、3年目で新規ゲームのプロデューサー・ディレクター、新規サービスのプロダクトオーナーを務め、ゲームのコミュニティマネジメント組織を立ち上げるなど、さまざまな経験を積んできました。そして今は、ライブストリーミング事業の責任者となっています。

ライブストリーミング事業が提供するのは「Pococha（ポコチャ）」という、スマホで誰でも気軽にライブ配信と視聴ができるアプリです。ミレニアル世代の自己表現の場になっており、経済的・社会的な自立をも実現できるプラットフォームになる可能性を秘めています。

社外で活躍する、DeNA出身起業家も数多くいます。

副業・転職仕事情報の収集やネットワーク構築ができるキャリアＳＮＳを運営する株式会社YOUTRUSTの岩崎由夏氏（２０１２年新卒入社）や完全栄養の主食の開発・販売を行うベースフード株式会社の橋本舜氏（２０１２年新卒入社）、農業の抱える課題解決に挑みフォーブス誌の「アジアを代表する30歳未満の30人（Forbes 30 Under 30 Asia 2020）」にも選出された株式会社ビビッドガーデンの秋元里奈氏（２０１３年新卒入社）など、活躍を期待されている若手起業家たちばかりです。

注目すべきは、DeNAは創業当初の2000年代入社のメンバーからも起業家を輩出している点です。

モバイルゲーム事業とライブエクスペリエンス事業を手掛ける株式会社アカツキ（2017年に東証一部に上場）を創業した塩田元規氏は、2008年の新卒入社。

スマホのゲーム配信アプリ「Mirrativ（ミラティブ）」を運営する株式会社ミラティブの創業者、赤川隼一氏は2006年の新卒入社です。赤川氏は新卒で入社した社員として初めて執行役員にも就任し、当時最年少の役員として活躍しました。のちに社内新規事業として「Mirrativ」を立ち上げ、MBO※するかたちで起業しています。

そして、クラウド型管理システム「ジョブカン」や動画・ライブ配信事業、ゲーム事業などを手掛ける株式会社Donutsの共同創業者である西村啓成氏と根岸心氏の両名はともに、2004年の新卒1期生です。

※MBO（マネジメントバイアウト）……経営陣が既存の株主から株を買い取り、オーナーとなること。

起業家を輩出する企業の条件

ここで、起業家人材を輩出する企業の条件について私の考察を述べておきます。

一つ目の条件は、成長企業であること。

事業や会社の成長が速いため、**人材の供給が追いつかず、その結果として若くて経験不足な人材にも積極的に任せざるを得ない**状況が生じます。また、任せていくなかで経験のない若手が急速に育つという成功体験が生まれ、どんどん若手に任せていくことが組織のカルチャーとして根付いていきます。

次に、多様な事業を持っていることも重要です。

事業が一つしかなければ、責任者のポジションに就いたり、ゼロからイチを生み出す経験を積んだりする機会が、どうしても増えていきません。事業の撤退や失敗も含めて打席に立てる回数が多いことは、起業家人材を育てる観点からすると、とても重要です。

最後に、優秀な若手人材の採用に執着していることです。

成長を続ける事業フィールドがあって多様な挑戦機会があったとしても、そこにアサインできる優秀な若手人材がいなければいけません。

若くして起業家になるような人材は、ある意味で生意気な部分もありますし、就職先がどこでも良いわけではありません。優秀な人が多い環境を求める傾向にあることを考えると、優秀な若手人材の密度が高い環境をつくることも大事でしょう。

上記3つの観点に加えて、もう一つ面白い事実を挙げるとすれば、90年代のリクルートと2010年代のDeNAの類似点です。

90年代のリクルートは、1987年のリクルート事件と90年代前半のバブル崩壊による不動産投資の失敗で抱えた負債を返すために、再生フェーズにありました。

2010年代のDeNAも、ソーシャルゲームのバブルが終わった後、次の柱をつくるためにメディア事業を立ち上げるものの失敗するなど、多角化する過程で苦労しながら試行錯誤を重ねてきた経緯があります。

どちらも成長市場で多様な事業を展開し、優秀な若手の採用にこだわる共通点がありますが、それだけでなく世間から見て一度も盤石で安泰な状況はなかったという事実があるのです。

安定しないからこそ、ハングリーさを失うことなく、新しい事業に挑戦することをやめないカルチャーがあるのではないでしょうか。

Interview

起業家輩出への覚悟

南場智子（なんば・ともこ）
1986年、マッキンゼー・アンド・カンパニーに入社。1990年、ハーバード・ビジネス・スクールにてMBAを取得し、1996年、マッキンゼーでパートナー（役員）に就任。1999年に株式会社ディー・エヌ・エーを設立し、現在は代表取締役会長を務める。2015年より横浜DeNAベイスターズオーナー。著書に『不格好経営』。

多くの起業家を輩出してきたDeNAが、2019年に新しい取り組みを始めた。「デライト・ベンチャーズ」という会社を設立し、起業家の挑戦を支援するという。なぜ今、このような取り組みを始めたのか。起業家輩出への思いと、起業家が育つ環境について聞いた。

早く本番の打席に立つ

伊藤　DeNAには入社後数年で起業したり、社内のスタートアップ事業を成功させたりしている起業家人材が多いですよね。どうしてでしょうか。

南場　DeNAでは、入社後かなり早い段階で「本番の打席に立つ機会」がやってきます。それも、新しいサービスの機能を一人で担ったり新事業の推進を任されたりするなど、他社であればきっと驚かれるほど責任ある仕事を担当することになります。だから、基礎的な力が早く身に付きます。

伊藤　現場で経験しながら自ら学ぶスタイルなのでしょうか。

南場　それは少し違いますね。入社間もない社員に仕事を任せはしますが、その仕事内容をチェックする上司や先輩が、DeNA流のスキルをみっちりと教えます。任せた企画を詰める段階で「これは全然面白くない」などとはっきり伝えますし、これまで社内で展開した企画書をすべて読んだのか？　それらの成功しているものとそうでないものを検証したうえで今回の企画を練ったのか？　そういった鋭い突っ込みを上司や先輩から受けながら、本番の打席に立つことになります。

責任ある立場で仕事をしていたら、「新人だから」と甘えてはいられません。だからこそ、基礎をしっかりと身に付けられるのだと思います。

伊藤　ということは、自身が動かした企画によってユーザーに喜んでもらえたかどうかという結果も、そのまま自分に返ってきますね。

南場　そうです。**研修や先輩のサポートをする立場では、成功や失敗を自分の責任として捉えることはない**でしょう。でも、成果をすべて受け止められる環境なら、おのずと力がついていきます。うちの会社にいたら、人によっては3年、スローペースの人でも4年で他社の10年選手よりも仕事をこなせる人材になると自負しています。

伊藤　そのような厳しくも鍛えられる道のりにおいて、3種類のキャリアを用意しているそうですね。具体的にどのようなキャリアに分かれるのですか。

南場　一つはマネジメントを担うジェネラリストのキャリアです。あるサービスの責任者からスタートし、事業のリーダー、事業本部のトップ、グループ会社の社長やDeNA本体の役員や社長へと向かう人です。2つ目は、経理や法務などのバックエンドやエンジニアなどのエキスパートを目指すキャリアです。どちらの立場が上とかはなく、すべての仕事が役割分担で稼働していて、どの職種も重要で必要な存在であるという考えを持っています。例えば執行役員は、マネジメント能力のあるジェネラリストのほうが適していると考えられがちです。しかし、エキスパートでも役員級の待遇で責任を担っている人もいますし、エキスパート出身の執行役員もいます。

伊藤　第3のキャリアについてもお聞きしたいのですが、その前に、それら2つのキャリアを通して優秀な人材を多く生み出すことができている背景には、具体的にどのようなカルチャーがあるのでしょうか。

南場　まず、無茶ぶりをするカルチャーがあります。先にお話しした、新人のうちに事業の推進を任せることも、その一つです。

伊藤　以前、御社に在籍していた方に伺ったのですが、「大黒柱を抜く」という無茶ぶりもあるそうですね。

南場　それは、私がよくやりたがる無茶ぶりです。あるプロジェクトで「この人が抜けたら困る」と耳にしたら、「その人を今すぐ抜いてやれ」と思います。**大黒柱に頼りきりのプロジェクトからエースを外す**。そうすると例外なく、「踏ん張って成果を出してやろう」と次の大黒柱が出てきます。

他にも、挑戦をして失敗したときにまったく責めない。本人はヘコみますが、会社としては失敗したことでバッテンをつけないカルチャーがあります。トライすること自体が評価に値するもので、挑戦して失敗した人よりも、挑戦していない人のほうがうんと下のラインにいるという考え方です。挑戦して失敗した人には、次にもっと大きなチャンスが与えられます。

あとは、とことん突き詰めるカルチャーもありますね。面白いサービスをつくろうというとき、「面白いってなんだ?」と、とことん突き詰めて考えます。考えすぎじゃないかというところまで議論します。

伊藤　立場や年次に関係なく発言できる、フラットな環境であるとも聞きます。

南場　昨日入ったばかりの仲間の意見にも、ちゃんと耳を傾けます。発言者が誰かよりも発言の内容が重要と考えていて、フェアな土壌があります。そういった社風は、私自身も好きなところですね。

起業という第3のキャリア

伊藤　話を戻しますが、先ほどの3つのキャリアで、「ジェネラリスト」と「エキスパート」とあと一つ、第3のキャリアについても伺ってもいいでしょうか。

南場　第3のキャリアとは、起業するなど社外に出て活躍するキャリアです。DeNAでは今、社内にある才能を表に出そうという取り組みをしています。始めたのは最近のことですが、デライト・ベンチャーズという会社をつくり、新規事業の立ち上げをサポートするベンチャービルダー事業を開始しました。

伊藤　起業を積極的にサポートすることを会社として公式に宣言するのは、画期的なことですね。手放したくない優秀な人材が外に出ていってしまうこともありそうですが、なぜこのような取り組みを始められたのでしょうか。

南場　DeNAで一人前に仕事ができる優秀な人材は、日本にとっても貴重な人材だと思っています。**社内で育った人材が社外に出て新しいものを生み出すことは、会社の垣根を超えて日本の活性化に貢献すること**だと考えています。

伊藤　そういうお考えは、以前からあったのでしょうか。それとも、なにかきっかけがあったのでしょうか。

南場　実を言うと、以前は、優秀な人材を会社に閉じ込めたいと思っていました。手間をかけて優秀な人材を採用して、打席にたくさん立ってもらって、さらに優秀で強力な人材に育ったなら、もっと社内で活躍して会社を大きくしていってもらいたいと思うのが普通です。

伊藤　経営者なら自然とそう考えますよね。

南場　でも、一緒に働く仲間たちはみんな会社を好きでいてはくれますが、閉じ込められたいと思っている人は一人もいません。自由意志でDeNAを好んで働くことを選んでも、その後の選択肢がないと、閉じ込められている気がしてしまう。だから、他の選択肢も見せたうえで、働く仲間たちが率先して「この会社にいたい」と思う場所にしようと考え方を変えました。

伊藤　それで、起業したい人は応援しようと思ったわけですね。

南場　そうです。すると、自由意志なので当然、外で活躍することを選ぶ人も出てきます。それで円満退社して、その後も個人的には親しくしていても、会社を辞めたら公式なつながりはなくなってしまいます。応援したい気持ちがあっても、一緒に事業を展開することは難しくなります。だから考え方を変えて、デライト・ベンチャーズを立ち上げて、社員のスピンアウトを積極的にサポートする土俵を作りました。

伊藤　具体的には、どのようなサポートをなさるのですか。

南場　起業したい人がベストな状態で出ていけるように、例えばスキルの観点から起業のタイミングを相談したり、事業内容についてアドバイスしたりもします。成功する確度を高めて、外に出ていってもらうためです。いざ起業するときはDeNAも出資しますし、起業した後、ある分野の人材が足りないと聞けば、DeNAから送り出すこともあります。

伊藤　そういったオープンな会社の雰囲気が好まれて、優秀な人材が集まってくるのでしょうね。

南場　それもあると思います。会社がメガベンチャーの規模になってからは、「ベンチャーとは言っているけれど、出来上がった組織で面白くないだろう」と勘違いする学生もいます。そう思われずに活きがいい人材を惹きつけ続けるためにも、「外で活躍したいと社内で堂々と話せるし、それに対して後押しもする。**外に羽ばたくための発射台としても活用できる土俵がありますよ**」と言っています。

起業を目指して入社した人のなかには、仕事に魅了されて社内で頑張り続ける人もいますし、優秀な人たちのなかで世間は広いと知り、自分のレベルを上げるために頑張る人もいます。「起業というかたちにこだわるよりも、社会や誰かにどういう価値を届けるかが重要」という考えに変わる人もいます。そういう人は、3桁億円の試合ができる環境に魅力を感じて、会社に残ることもあります。

起業家人材の還流をねらう

伊藤　起業した後に戻ってくる人もいますか。

南場　いますね。「戻ってこなくていいけれど、私もあわよくばという下心がありますよ」と、社員にもあからさまに話しています。DeNAで基本的なスキルを培った人が外に出て、経営トップとして苦労を乗り越えてきた経験が積み重なると、より頼りになる人間になって戻ってきます。

伊藤　意図的に、起業した人が戻ってきやすい場所にしているのですね。

南場　もちろん全員が戻ってこなくても構いません。本当に優秀な人材だけに起業の後押しをするので、戻ってくるのはその何割かでも十分です。デライト・ベンチャーズを立ち上げてからOB・OGとの接点が格段に増え、実際に戻ってくる人も出てきていて、還流が始まっています。

伊藤　還流までを想定しているとは、会社組織として合理的ですね。社内の優秀な人に、南場さん自ら起業を促すケースもありますか。

南場　もちろん。例えば、社員と一対一のミーティングで起業の意向を確認することがあります。**起業したい人とはどういう風に起業するかを話して、ときが来たと感じたら「もう期は熟したんじゃない？」と促す**こともあります。

あとは、デライト・ベンチャーズが主催するアイデアコンテストがあって、アイデアを広く募集してコンペをする機会があります。そこで「筋がいいな」と思う人がいると、起業を示唆することもあります。DeNAは常に人手不足なので辛いですが、断行しています。

伊藤　DeNA本体が大きくなることだけでなく、外に出ていった人たちとつながって手を組むことで広がる可能性もたくさんある、という考えが根底にあるからこそできることですね。

南場　デライト・ベンチャーズの理念としても掲げていますが、「ザクロをひっくり返す」イメージです。ザクロはDeNAのことで、ひっくり返して中から飛び出したキラキラした粒は、新しい事業や人材のこと。出ていった人(飛び出した粒)が自分の星をつくって、その人たちとつながって星座をつくり、大きなギャラクシーを形成するという世界観を思い描いています。ギャラクシーの中心はDeNAでなくてもいいし、DeNAが一番大きい星である必要もないと思っています。

伊藤　「ザクロをひっくり返す」とは、インパクトのある言葉ですね。DeNAが銀河の真ん中にいなくてもいいという考えも、日本の伝統的な大企業とは一線を画す価値観のように思います。

南場　さらに言うと、私たちが勇気を持ってザクロをひっくり返しているのは、日本経済の処方箋になりたいからでもあります。日本経済を活性化するには、2つの問題があると私は思っています。一つは人材の流動性が低いこと。もう一つは、スタートアップコミュニティの層がまだまだ薄いことです。

想像していないことが起こる今の世の中では、均質な人が集うチームより多様な経験や考えを持った人が集うチームのほうが圧倒的に高いパフォーマンスを発揮します。そういう意味で日本の大企業はパフォーマンスが悪いと言われています。「やっぱり安定性が大事だよね」という考えの会社に、同じ思考パターンの人が同じタイミングで就活をして入社し、そのまま30〜40年在籍するのが日本の伝統的な大企業です。

超均質的な人たちが集まっている会社のままでいいのか。社員が辞めず、人材が流動しない大企業が多いことが、日本の生産性を向上させることの足かせになっているのではないでしょうか。

伊藤　まさにそうですね。日本の大企業は今、変革を迫られているように思います。

南場　スタートアップについてもそうです。日本でも優秀な人がスタートアップの場に出てくる機会は増えてきましたが、中国やアメリカのシリコンバレーには遠く及びません。世界で日本が通用するためには、DeNAからも**多少リスクがあっても優秀な人材を押し出す覚悟で、スタートアップコミュニティの層を厚くしていかなければ**と思っています。

夢中になるほど早く成長する

伊藤　優秀な人材を輩出することへの強い思いが伝わります。社員は起業を選ぶ自由があるわけですが、社内でも自由意思を尊重する制度があるそうですね。

南場　「シェイクハンズ制度」というものがあります。上長や人事の介入なしに、自分のパッションに合う事業を社内で探せる制度です。もし関心のある事業があったら、その事業本部長などに話をして、自分を売り込みます。**面談で「いいね」となってお互い握手をしたら、その瞬間に異動が決定する**のです。

DeNAは、「夢中」の状態をすごく大事にしています。仕事に夢中になっているうちに、気が付いたら自分自身はものすごく成長しているものです。社員が夢中になれる環境でないと、ほかの事業本部に持っていかれる可能性があるので、シェイクハンズ制度はマネジャーたちにとっても切磋琢磨できるいい制度だと思っています。

伊藤　夢中になれる環境があれば、大きく成長できるということですね。南場さんは、若い人に大きな期待を寄せていますよね。人材を見る価値観が、それこそ日本の伝統的な大企業とは違うように思います。その価値観は、いつどのように形成されたのですか。

南場　起業したときです。マッキンゼーで働いていた頃、軌道に乗ってからは自分が仕事のできる人間だと思っていました。皆が同じジェネラルコンサルタントの仕事をしていたので、経験の浅い若者は仕事ができないと思っていました。コンサルタントとしていろいろな会社や人にアドバイスしているうちに、自分はなんでもできるような気持ちになって、後輩2人を連れて起業したのです。

ところが、起業した後すぐにさまざまな失敗を重ね、出資者に約束したことも何一つ果たせないときが長く続きました。起業した3人では、できないことが山ほどあり、さすがに謙虚にならざるを得なくなりました。

伊藤　起業時に苦労をして謙虚になったときが、DeNAの本当の出発点だったのですね。

南場　そうですね。だから年齢に関係なく、優秀な人材をリスペクトしています。**育てるために仕事を任せるという「上から目線」ではなく、対等のパートナーとして頼っています。**新卒社員に仕事を任せることには、多少リスクがあります。ただ、最初はそう思っていても、すぐに私なんかが眩しく感じるような人材になっていきます。

伊藤　若い人の活躍のおかげで会社が成長している自覚があるから、会社が大きくなっても謙虚であり続けられるのですね。

南場　急成長しているライブコミュニケーションアプリの「Pococha」にしろ、横浜DeNAベイスターズの球団経営にしろ、私にはできないことばかりです。だからこそ私は、才能あふれる人たちと一緒に、ギャラクシーを広げていきたいと思っています。

おわりに

これからの時代を生き抜くために

「人口減少・高齢化が確定トレンドの日本で、アップサイドはあるのか？」

これは16年前、外資系企業の日本支社で働いていた私が、米国本社からきた外国人役員の目線で日本市場・日本社会を冷静に見たときに感じた危機感です。

多くの業界において、人口減少・高齢化による市場縮小というマクロトレンドには抗えないとすると、すでに業界のなかで大きな存在となっている内需依存の大企業にはアップサイドがないどころか、衰退することがほぼ確定しているとも言えます。大きければ大きいほど全体のトレンドに影響を受けるからです。

そんなマクロトレンドのなかで、アップサイドがある場所は本当にないのか？

理論上は、現時点で小さいものは大きくなる余地があります。それは市場規模の縮小にも影響を受けないほど小さなものです。小さければマクロのトレンドには影響されないし、いくらでも成長のアップサイドがあるのではないかと考えました。

ただ、小さいだけではない、生まれてまだ日が浅いから小さいだけで、これから成長・拡大していく可能性がある企業や産業があるのではないか。それらに期待すれば、日本社会も地盤沈下せずにすむのではないか。

そうして行き着いたのが、ベンチャー企業というフィールドでした。

ベンチャー企業が躍動するようになれば、結果として新産業が生まれ、旧態依然とした産業と入れ替わる新陳代謝が起きる。そうすれば、日本がこれから人口減少・高齢化に向かおうとも、健全に社会を維持していけるのではないか、と考えたのです。

2005年、私はスローガンという会社を創業し、「Goodfind」を立ち上げました。

しかし、創業当時に多くの大人たちに言われたのは、こんな言葉でした。

「日本は大企業社会だ。ベンチャーだの起業だの言っているのは、シリコンバレーの話だろ？　ここは日本だ。違うんだよ」

「優秀な若者をもっとベンチャー企業や起業に向かわせる？　そんなの無理だし、お金にならない。やるならＮＰＯでやったほうがいい。お前からはお金の匂いがしない。帰れ」

当時、日本ではスタートアップという言葉は一般的ではありませんでした。ベンチャー企業やスタートアップなんて「怪しい」と思われていたのです。

自分の信念が否定されたようで悔しく、自分が間違っているのではないかと挫けそうになるときもありました。

「お金の匂いがしない」と言われたのは的を射ていて、実際に創業当初はまったく稼げませんでした。事業にならなかったのです。創業から2年間は自分の給与もゼロでした。そして、創業から3年半たったときも、会社の銀行口座に5万円しかなく、倒産しかけたこともありました。

しかし、2000年以降のインターネット産業の発展とともに、日本社会においても少しずつベンチャー企業を中心とするエコシステム（生態系）が充実してきました。じわじわと地殻変動が起きていったのです。

2010年代に入ると、「メガベンチャー」という言葉が生まれ、新卒採用に力を入れるベンチャーも増えていきました。同時に、ベンチャーに興味を持つ学生も少しずつ増えていきます。

私たちがセミナーやイベントを通して、ベンチャーで働くことのキャリア的な価値（転職市場における価値）について、さまざまな角度から地道に説明し続けた効果が多少はあったと思います。時流に乗るのではなく、時流をつくり出す仕事だという自負を持って取り組みました。

そうした活動を何年も続けていくうちに、私たちが介在しなければ出会うことが難しかったベンチャー企業に出会えた学生の皆さんから、たくさんの感謝の声をもらえるようになりました。

彼、彼女らの活躍はめざましく、就職したベンチャー企業で若くして要職を担う人や、さらにそこから起業して活躍している人がたくさん出てきています。

２０１７年からは、スタートアップやベンチャー企業だけでなく、オープンイノベーションを含む、大企業における新規事業創造の動きを広く知ってもらう活動も始めました。新産業・イノベーション領域にフォーカスしたビジネスメディア「FastGrow（ファストグロー)」を立ち上げたのが、このときです。

スタートアップに転職したい人たち向けの転職エージェントサービス「Goodfind Career(グッドファインド・キャリア)」ともあわせて、スタートアップ・ベンチャー企業、イノベーションセクターへの人材移動をサポートし、健全な人材の流動化を促進する事業に今も取り組んでいます。


優秀な人材を採用したいと私たちに相談してくれる起業家・経営者の皆さんとも、これまでたくさん仕事をしてきました。

「ひとまず大企業に行ったほうがいい。ベンチャーは後からでも行ける」と、ひと昔前の認識のまま、若者に間違ったアドバイスをする大人が多くいます。だから、有名ブランド企業の内定をもらうような学生を、小さなベンチャーが採用するのは至難の業です。

そんなブランド企業優位で大企業偏重の新卒採用市場において、企業規模や知名度ではなく、事業の将来性や、裁量があり成長できるフィールドかどうかを重視するように、学生たちに訴求してきました。自分の力で勝負できるようになるには、新たな軸を重視する必要があることを啓蒙してきたのです。

そうして企業の皆さんと一緒に、ベンチャー企業の新卒採用市場を創ってきたのは自分たちである、という自負もあります。

まだ20名もいない小さな雑居ビルにある会社も、マンションでスタートした数名の会社も、はたまた来月起業しようとしていた一人の起業家も……、とにかく一人の才能が事業を変え、会社を変える力になると信じて、私たちと一緒に優秀な若者たちを採用しようと悪戦苦闘してきました。

それらの会社の多くは大きく成長して今や上場企業となり、日本経済に新しい活力を生み出しています。そして、それらの会社で若い人材が育ち、そこからまた起業家が生まれています。

こうしたミクロな一つ一つの会社が放つ輝きの連鎖と蓄積が、イノベーションのエコシステムを形成していくのだということを、私は今、肌で感じることができています。

謝辞

私自身は本来、起業家になるようなタイプの人間ではありません。大学生のときも、起業なんて一つも考えていませんでしたし、ベンチャーのべの字も知らなかったのです。

学校を出てから、数多くの先輩・仲間から影響を受けたおかげで、新しいものを形づくる（本書で言うところのShaperの）キャリアを自ら歩めるようになったと感謝しています。

最初に起業家という生き方を魅せてくれた人が、アバントグループCEOの森川徹治さんでした。森川さんとの出会いがなければ、自分は起業という道を歩んでいなかったかもしれません。この場を借りて御礼申し上げます。

そして、スローガンを創業した年に、高校・大学の同窓であるという理由だけで手紙を書いて会いにいったマネックスグループCEOの松本大さんには、その後も15年間にわたり、お付き合いいただいております。創業初期に松本さんにインタビューで聞かせていただいたことは本書のコンセプトにも通じるものがあり、本書の原点にもなっています。Goodfindを通して、数多くの起業家の皆さんとも一緒に仕事をさせてもらいました。

本書に登場いただいている企業の中でも特に、LIFULL社長の井上高志さん、レバレジーズ社長の岩槻知秀さん、ネットプロテクションズ社長の柴田紳さん、Sansan社長の寺田親弘さんとは、それぞれ10年以上のお付き合いをさせてもらっています。これまで何度もイベントでの対談やインタビューの機会などを通して数多くのことを学ばせていただきました。本当にありがとうございます。

本書を執筆するにあたり、さまざまな方々にご協力をいただきました。本書のインタビューでご登場いただいた皆様にも改めて感謝申し上げます。

本文中にはお名前が挙がっていませんが、以下の皆様にも原稿の確認・修正でお世話になりました。Sansan の梅田智久さん、関雅裕さん、溝野萌さん、LIFULL の野尻翔子さん、原口ひかるさん、gooddays ホールディングスの叶田みなみさん、ネットプロテクションズの山下貴史さん、中堀那由太さん、釣巻創さん、三宅悠生さん、ソニーの浅井孝和さん、山口智史さん、清水舞子さん、リンクエッジの川合友樹さん、レバレジーズの品川智哉さん、長谷川遥さん、堤渚音さん、サンブリッジの大日方誠さん、庄中萌さん、芳賀勇稀さん、西村加奈さん、森泰一郎さん、ディー・エヌ・エー（DeNA）の小川篤史さん、山川奈緒さん。内容の正誤についてはもちろん著者である私の責任です。

そして、クロスメディアグループで本書の企画からご相談に乗っていただいた根本輝久さん、中山直基さん、そして本書の編集をご担当いただいた土屋友香理さん、本当にありがとうございました。著者として本を出すのは初めてで不安だった私にとって、皆さんとなら一緒に本をつくれそうだと思えたことは大きいことでした。土屋さんはスローガン出身でもあり、またこうして仕事をご一緒できたこともうれしく思っています。

出版プロジェクトに協力してくれたスローガンのメンバーにも感謝したいと思います。新卒1年目ながらこの出版プロジェクトをマネジメントしてくれた岡田春奈をはじめ、川村直道、小泉誠、下妻季可、徳冨美紀、中島織文、松尾賢人には特に助けてもらいました。また役員の北川裕憲、仁平理斗の2人の後押しもあり、本を書いてみようと思えました。

昨年ビジネス書として大ヒットとなった『無敗営業――「3つの質問」と「4つの力」』の著者でもある高橋浩一さんには、スローガンの顧問としてお世話になっています。出版についてもアドバイスをいただきました。この場を借りて御礼申し上げます。

最後に、本書を手に取っていただき、お読みいただいた皆様、最後まで読んでいただきありがとうございました。新しい産業をつくるというとやや仰々しいのですが、一人ひとりのなかにある創造性を発揮して新しい何かしらを形づくろうとする挑戦を、本書をきっかけにスタートしてくれる人が一人でも増えることを願っています。

すべての人が持つ創造性と可能性に敬意を表して、筆をおきたいと思います。

２０２１年１月　伊藤　豊

参考文献　Shaperをさらに知るためのリスト

Global Shapers Community, World Economic Forum, https://www.globalshapers.org/

レイ・ダリオ、『PRINCIPLES（プリンシプルズ）人生と仕事の原則』、日本経済新聞出版、２０１９年

野口悠紀雄、『戦後経済史―私たちはどこで間違えたのか』、東洋経済新報社、２０１５年

盛田昭夫、『［新版］MADE IN JAPAN―わが体験的国際戦略』、ＰＨＰ研究所、２０１２年

本田宗一郎、『夢を力に：私の履歴書』、日経ビジネス人文庫、日本経済新聞出版、２００１年

ジョン・Ｐ・コッター、『幸之助論―「経営の神様」松下幸之助の物語』、ダイヤモンド社、２００８年

クレイトン・Ｍ・クリステンセン、『イノベーションのジレンマ 増補改訂版』、翔泳社、２００１年

ダニエル・ピンク、『フリーエージェント社会の到来―「雇われない生き方」は何を変えるか』、ダイヤモンド社、２００２年

ピーター・ティール、『ゼロ・トゥ・ワン　君はゼロから何を生み出せるか』、ＮＨＫ出版、２０１４年

南場智子、『不格好経営』、日本経済新聞出版、２０１３年

Marc Andreessen, "Why Software Is Eating the World", *The Wall Street Journal*, 2011, https://www.wsj.com/articles/SB10001424053111903480904576512250915629460

マイケル・E・ポーター、竹内弘高、『日本の競争戦略』、ダイヤモンド社、２０００年

「ＥＳＧ経営の実践」、『DIAMOND ハーバード・ビジネス・レビュー』、２０２１年1月号、ダイヤモンド社、２０２１年

井上高志、『「普通の人」が上場企業をつくる40のヒント―人生のスイッチをＯＮにしよう』、ダイヤモンド社、２００６年

羽田幸広、『日本一働きたい会社のつくりかた―社員が夢中になれる企業、ライフルの人事は何をしているのか？』、ＰＨＰ研究所、２０１７年

河合雅司、『未来の年表―人口減少社会でこれから起きること』、講談社現代新書、講談社、２０１７年

フレデリック・ラルー、『ティール組織―マネジメントの常識を覆す次世代型組織の出現』、英治出版、２０１８年

ベン・ホロウィッツ、『HARD THINGS　答えがない難問と困難にきみはどう立ち向かうか』、日経ＢＰ、２０１５年

井深大、『井深大 自由闊達にして愉快なる―私の履歴書』、日経ビジネス人文庫、日本経済新聞出版、２０１２年

ソニー株式会社、Corporate Report 2020 統合報告書、https://www.sony.co.jp/SonyInfo/IR/library/corporatereport/CorporateReport2020_J.pdf

「リーダーという仕事」、『DIAMOND ハーバード・ビジネス・レビュー』、２０２０年7月号、２０２０年

マーク・ベニオフ、『クラウド誕生─セールスフォース・ドットコム物語』、ダイヤモンド社、２０１０年

藤井保文、尾原和啓、『アフターデジタル─オフラインのない時代に生き残る』、日経ＢＰ、２０１９年

スコット・ギャロウェイ、『the four GAFA 四騎士が創り変えた世界』、東洋経済新報社、２０１８年

成毛眞、『amazon 世界最先端の戦略がわかる』、ダイヤモンド社、２０１８年

リスト・シラスマ、『NOKIA 復活の軌跡』、早川書房、２０１９年

江副浩正、『リクルートのＤＮＡ─起業家精神とは何か』、角川 one テーマ21、KADOKAWA、２００７年

馬場マコト、土屋洋、『江副浩正』、日経ＢＰ、２０１７年

【著者略歴】

伊藤 豊（いとう・ゆたか）

スローガン株式会社 代表取締役社長。東京大学文学部行動文化学科卒業後、2000年に日本アイ・ビー・エム株式会社に入社。システムエンジニア、関連会社出向を経て、本社マーケティング業務に従事。2005年末にスローガン株式会社を設立、代表取締役に就任。「人の可能性を引き出し 才能を最適に配置することで 新産業を創出し続ける」ことを掲げ、学生向けメディア「Goodfind」や若手社会人向けメディア「FastGrow」などのサービスを通して、数多くのベンチャー企業や事業創出に取り組む大企業を人材面から支援している。

Shapers《シェイパーズ》　新産業《しんさんぎょう》をつくる思考法《しこうほう》

2021年 2月 1日　初版発行

発行　**株式会社クロスメディア・パブリッシング**

発行者　小早川 幸一郎

〒151-0051　東京都渋谷区千駄ヶ谷4-20-3 東栄神宮外苑ビル

https://www.cm-publishing.co.jp

■本の内容に関するお問い合わせ先 …………………… TEL (03)5413-3140 ／ FAX (03)5413-3141

発売　**株式会社インプレス**

〒101-0051　東京都千代田区神田神保町一丁目105番地

■乱丁本・落丁本などのお問い合わせ先 ……………… TEL (03)6837-5016 ／ FAX (03)6837-5023

service@impress.co.jp

(受付時間　10:00～12:00、13:00～17:00　土日・祝日を除く)

※古書店で購入されたものについてはお取り替えできません

■書店／販売店のご注文窓口

株式会社インプレス　受注センター ……………………… TEL (048)449-8040 ／ FAX (048)449-8041

株式会社インプレス　出版営業部 ………………………………………… TEL (03)6837-4635

ブックデザイン　都井美穂子

DTP　荒好見

校正・校閲　株式会社RUHIA

印刷・製本　株式会社シナノ

ISBN 978-4-295-40501-6 C2030